마음은
왜
아플까?

KOKORO NO BYOUKITTE NANDAROU?
by Takuya Matsumoto

© Takuya Matsumoto 2021

나의 한 글자 05

[맘]

마음은
왜
아플까?

나를 잘 알게 해 주는
일곱 가지 마음의 병

마쓰모토 다쿠야(의학박사) 지음 | **형진의** 옮김

나무를 심는 사람들

외로운 마음에 '호' 하고 따뜻한 김을 불어 주는 다정한 책

오한숙희 사단법인 누구나 이사장, 여성학자

"엄마는 내 마음도 모르고….."

20년 전 중학생이던 큰딸애가 했던 말이다. 사춘기의 푸념이려니 했는데 시간이 흐를수록 딸에게 미안하다.

마음은 똑같지 않다. 키처럼 얼굴처럼 사람마다 다르다. 키 작은 사람에게 키 큰 사람이 왜 손이 여기 닿지 않느냐고 말할 수 없듯이, 마음먹기 나름이라고 쉽게 말해서는 안 되는 거였다.

내가 당해 보니 그랬다. 기분이 가라앉는 것 같더니 '손가락 하나 까딱하기 싫네' 싶다가 어느 날 몸이 침대에 붙어 버렸다. 몸은 따뜻하게 돌볼 줄 알면서 마음의 감기에는 둔감했다. 주변 사람들도 다르지 않았다. 손목이 부러졌을 때는 사골국을 끓여 주고 좀 쉬어 가라며 다독여 주던 사람들이 마음이 꺾였을 땐 배부른 게으름인 양 정신 차리라고 채근만 해 댔다. 부러진 손목에 힘을 줄 수 없듯이, 꺾인 마음은 힘을 낼 수 없다는 것을 우리 모두 몰랐다. 보이지 않지만 꺾일 수 있고, 보이지 않아서 더 잘 돌봐야 하는 '마음'에 대해 우리는 지금도 무지하다.

참 이상한 책이다. 분명 글로 읽고 있는데 다정한 목소리가 들렸다. 책을 읽는 동안 누가 '호' 하고 따뜻한 김을 불어 주는 듯 위로를 받았다. 정신의학적 내용을 쉽고도 친절하게 설명해 주어 발달장애가 있는 작은딸과 생활하는 데 긴요한 꿀팁을 얻었다.

'네 마음은 지금 그렇구나!' 알아주고 공감해 주는 것. 진정한 소통은 다름을 알고 다름을 존중하는 것에서 시작된다.

나만 이상한 것 같다는 생각에 눈물 난 적 있나요?

김영주 서울시 강남구 청소년심리지원센터 정신건강임상심리사

'정신과 의사나 상담사는 사람을 바꾸는 것이 아니라 사람이 변하는 것을 지켜본다.'

책을 읽으며 여러 차례 굵은 밑줄을 그은 대목이다. 저자는 몸이 아플 때와 다르게 마음의 병은 다른 사람이 잘 볼 수도 없고 느끼기도 어려워서, 스스로가 충분히 이해하고 또 이해받을 때 변화가 시작된다고 말한다. 말로는 그럴 듯해 보이는 이 과정이 실제로는 참으로 어렵다. 마음이 흔들리는 순간에는 주변에 믿을 만한 사람들

도 보이지 않고 나 자신이 어색하고 이상하다 느껴지는데, 모든 것이 내 잘못 같다가도 또 나를 이렇게 만든 세상에 대해 폭풍우처럼 화가 정신없이 휘몰아치기 때문이다.

저자는 이러한 두려움을 충분히 보듬으며, 진료와 상담의 과정을 '자신만의 특별한 공간'으로 만들어 가 보도록 격려한다. 몸과 마음, 생각과 느낌, 행동으로 경험하는 나만의 독특한 세계는 어떠한지 함께 알아차려 가는 것이 곧 자기이해의 시작이다. 저자의 말처럼 마음의 병은 참 수수께끼 같아서 답을 찾아가는 길이 답답하고 지루할 수 있지만, 나만의 특별한 공간에서 스스로 찾은 힌트를 통해 하나하나 풀어 나가다 보면, 어느 날 문득 있는 그대로의 나를 편하게 받아들이는 순간이 온다.

이 책은 실제 마음의 병으로 어려움을 겪고 있는 사람들이 어떤 증상을 겪고 있는지, 왜 그런 병에 걸리게 되는지, 어떻게 치료할 수 있고 정말 나아질 수 있는지 등을 알기 쉬운 사례와 비유를 들어 소개하고 있어 더욱 편하게 읽힌다. 오랜 기간 인류가 연구해 온 마음의 병에 관한 내용들은, 스스로를 이해해 나가는 동안 만나게 되는 미로와 같은 숲길에 오롯이 숨어 있는 오솔길 같은 길잡이가 될 수 있을 것이다.

저자는 우리 모두 타인과 연결되어 있기에 차별과 편견에서 벗어나 상대방과 나의 비슷한 점과 다른 점을 이해하고 수용하려는 노력이 끊임없이 필요하다고 강조한다. 상대방을 이해하는 공감의 폭은 '나를 이해하는' 주관적이고 특별한 과정이 충실히 경험될 때 더욱 넓어진다. 마음의 병에서 회복하는 과정은 내가 지나온 시간과 상대방이 걸어온 시간, 더 나아가 이 사회가 지나온 시간을 찬찬히 들여다볼 수 있는 계기가 될 수 있다. 이는 단지 마음의 병이 있는 사람들뿐만 아니라, 가족과 친구, 주변 사람들이 마음의 병을 이해하는 데도 똑같이 적용될 수 있다.

혼란스러운 내 마음을 나도 잘 모르겠다 여겨질 때, 이 세상에서 나만 이상한 것 같다는 생각에 눈물 나는 밤, 마음이 힘든 친구와 이야기하다 헤어져 집으로 돌아왔을 때, 상담센터에 전화를 걸었다 끊기를 반복하던 때, 혹은 지금 상담이나 진료를 받고 있지만 정해진 시간에 쫓겨 하고 싶던 말을 다하지 못하고 아쉽게 일어섰던 날이 있다면 이 책을 곁에 두고 틈틈이 펼쳐 보자. 그동안 쉽사리 꺼내지 못했던 의문들에 차근차근 말을 걸어 주는 따뜻한 목소리를 들을 수 있을 것이다.

들어가며

안녕하세요. 저는 정신과 의사로 병원에서 진료하며 대학에서 학생들에게 마음의 병에 대해 가르치고 있어요. 특히 '정신병리학'이라고 해서, 마음의 병에 걸린 환자들이 실제로 어떻게 느끼는지, 어떤 일로 힘들어하는지에 관한 연구를 합니다. 이 책에서는 여러분과 함께 마음의 병에 대해 생각해 보려고 해요.

여러분은 어떻게 이 책을 접하게 되었나요? 가족이나 친구 중에 마음의 병에 걸린 사람이 있어서 그 사람에 대해 잘 알고 싶어서인가요? 아니면 여러분 자신이 어딘가 좋지 않다거나 무언가 이상하다고 생각해서, 그것이 마음의 병인지 아닌지 알고 싶어서인가요? 단순히 인간의 마음이나 정신에 대해 배우고 싶어서 이 책을 선택한 사람도 있을 수 있겠지요.

마음의 병은 몸의 병과 달라서 어딘가 알 수 없는 수수께끼 같기도 해요. 여러분이 마음의 병에 대해 알고 싶다고 생각한 것도 어쩌면 그런 이유인지도 몰라요. 사실 마음의 병은 환자 스스로도 알 수 없는 수수께끼 같은 부분이 있습니다. 옛날과 비교하면 마음의 병에 대한 정보는 많아졌지만, 실제로 병에 걸리게 되면 알 수 없는 일이 많이 나타나지요. 제가 병원에서 만나는 환자들도 "왜 갑자기 이런 상태가 되었을까", "앞으로 나는 어떻게 되는 걸까"라며 어쩔 줄 몰라 하는 사람이 많아요.

이 책에서는 먼저 마음의 병에 대해 전반적인 것을 이야기한 후에, 마음의 병을 하나하나 예로 들면서 병에 대해 충분히 이해할 수 있도록 안내하겠습니다. 마음의 병에 대해 조금이라도 알게 되는 것은 병에 걸린 사람에 대한 편견이나 차별을 없애고 그 사람을 존중하기 위해서 매우 중요한 일이에요. 무엇보다도 마음의 병이 어떤 것인지 아는 것은 여러분이 병에 걸렸을 때, 나 자신에게 어떤 일이 일어나고 있는지를 아는 데 도움이 될 것입니다.

차례

| 제 1 장 |

마음의 병이란 무엇인가요?

| 제 2 장 |

어떤 고통을 받고 있나요?

| 제3장 |

모두가 살기 좋은 사회를 만들기 위해

제1장

마음의 병이란 무엇인가요?

마음의 병은 어떻게 알 수 있어요?

마음의 병, 왠지 어렵게 느껴져요

우선 마음의 병과 몸의 병은 어떻게 다른지부터 시작해 볼까요?

암이나 고혈압 등 몸의 병은 많이 있지요. 몸의 병의 특징은 그 병을 어떤 객관적인 방법으로 관찰할 수 있다는 거예요. 예를 들어 상처가 났다는 것은 몸의 표면을 보면 알 수 있지요. 또는 표면에는 상처 하나 없어도 엑스레이 사진을 찍으면 골절된 것을 아는 경우가 있고요.

폐렴은 엑스레이 사진을 찍으면 폐가 하얗게 나타나는 것으로 알 수 있어요. 머리 MRI 사진을 찍으면 뇌혈관이 막히는 뇌경색이나, 뇌혈관에서 출혈이 있는 뇌출혈을 볼 수 있습니다. 암도 그와 같은 검사로 볼 수 있고, 고혈압도 혈압계라는 기계를 사용하여 숫자로 볼 수 있지요. 즉, 몸의 병은 그 병을 볼 수 있는 여러 객관적인 방법이 있어서 검사를 받는 사람에게 그 병이 있는지, 또 그 병이 어느 정도 중증인지 알 수 있어요. 이것이 몸의 병의 특징이지요.

이처럼 객관적인 방법을 사용해서 상태를 보는 것은 본 것을 '대상으로 하는' 것이에요. 무엇인가를 '대상으로 하는' 것은 그 대상을 '조절'할 수 있게 된다는 의미예요. 우리가 잘 모르는 것을 조절할 수는 없지만, 대상으로 파악할 수 있는 것은 조절할 수 있는 가능성이 생겨요.

'대상으로 하는' 것이라고요?

예를 들어 경치 좋은 강가에 가서 '경치가 좋다'라고 생각했다고 해봐요. 막연히 생각만 해서는 강의 흐름을 조절할 수 없지요. 그런데 '댐을 만들자'라는 목적을 가지고 강을 바라보면 어떨까요? 물의 흐름이 어느 정도인지를 측정해야 하고, 물을 막으면 얼마만큼의 물을 담을 수 있을까를 계산해야겠지요.

단순히 강가에 가서 '경치가 좋다' 하고 볼 때는 거기에는 자연이 있을 뿐이고, 대상은 없어요. 그 자연에 대해 어떤 목적을 가지고 객관적인 방법으로 보려고 하는 순간, 물의 흐름이 대상으로 나타나게 됩니다. 그러면 댐을 만드는 것처럼 대상으로 파악한 자연을 조절할 수 있게 돼요.

이번에는 혈압을 예로 들어 설명해 볼게요. 혈압은 혈액을 심장에서부터 운반할 때의 힘을 가리켜요. 심장 주변에 손을 대거나, 손바닥을 위로 하고 엄지손가락 위쪽의 손목을 누르면 '팔딱팔딱' 하고 움직이는 것을 알 수 있어요. 이 힘을 객관적인 수치로 나타낸 것이 혈압이에요. 정상적인 혈압(수축기 혈압)은 80~120mmHg입니다. 손목 등 신체 표면을 만져서 맥박이 느껴지면 혈압이 70mmHg 정도인 경우니까, 손목을 만져서 맥이 느껴지지 않는다면 혈압이 상당히 떨어져 있다는 의미예요.

혈압은 '심박출량×말초혈관 저항'으로 나타내요. 여기서 '심박출량'은 심장에서 내보내는 혈액의 양을 가리키고, '말초혈관 저항'은 혈관의 수축 상태를 가리켜요. 혈압이라는 대상이 분명해지면 혈압을 조절할 수 있습니다.

혈압을 조절하는 방법은 호스의 수압을 조절하는 것과 같아요. 물이 졸졸 나오는 호스를 물이 세게 나오게 하려면 두 가지 방법이 있지요. 하나는 수도꼭지를 틀어서 흐르는 물의 양을 늘리는 방법입니다. 그렇게 하면 호스 끝에서 물이 세차게 나오게 되지요. 또 하나는 호스 끝을 꽉 누르는 방법이에요. 이렇게 해도 역시 물이 세

차게 나오게 됩니다.

조절한다는 말이 그런 뜻이었군요

교통사고로 많은 피를 흘려 방치하면 죽을 수 있는 상태로 병원으로 호송된 사람이 있다고 해 봐요. 혈압을 재니 50mmHg 정도였다고 하면, 당장 혈압을 정상 가까이로 올리지 않으면 뇌로 혈액이 가지 않게 됩니다. 이때 혈압을 올리기 위해서는 어떻게 해야 할까요? 하나는 수도꼭지를 트는 것처럼 급히 링거를 연결해서 체내에 수분을 흘려보내면 심박출량이 늘어서 혈압이 올라갑니다. 또 하나는 호스의 끝을 꽉 누르는 방법처럼, 노르아드레날린이라는 약을 투여하면 말초혈관이 수축되어 혈압이 올라가요. 의학은 몸의 병을 이런 방법으로 '대상화=객관화'함으로써 검사나 치료를 합니다.

그렇다면 마음의 병은 어떨까요? 마음의 병의 경우, 몸의 병과 달리 '대상화 = 객관화'한 것만이 아니라 '주관'적인 것도 다뤄야 해요. 객관과 주관은 대립하는 경우도 있습니다. '객관'은 '객관적'이라는 말이 나타내는 것처럼, '다른 사람에게도 그렇게 보이는' 거예요. '주관'은 "너의 의견은 주관적인 것에 지나지 않아"라고 말할 때처럼 '다른 사람들에게는 그렇게 보이지 않지만 자기 자신에게는 그렇게 보이는 것'을 가리켜요.

예를 들어 마음의 병에는 '환각'이나 '망상' 등의 증상이 나타나는 경우가 있어요. 환각이란 다른 사람에게는 보이지 않는 것이 보이거나(환시), 아무것도 없는데 무슨 소리가 들리는(환청) 증상이에요. 환시나 환청은 객관적으로는 '없는' 것이 그 사람의 주관에 따라서는 '있는' 것이에요. 또 어떤 환자가 "정부가 나를 노리고 있다"는 망상을 가지고 있다고 해요. 객관적으로 생각하면 그런 일은 별로 일어나지 않을 테지만, 그 사람의 주관으로는 그것은 '사실'이에요.

마음의 병에 걸리면 환각을 사실로 받아들일 수 있겠어요

네, 마음의 병에 걸린 사람에게 객관만을 중시하는 것은 좋지 않아요. 환자가 "환각이 있어서 고통스러워요"라고 말하는데 치료자(정신과 의사나 상담사)가 "객관적으로 보아 그런 것은 없습니다"라고 하면 그 환자는 더 이상 그 치료자에게 오지 않겠지요.

덧붙여 말하면 언제나 객관이 옳고 주관은 틀리다고 생각하는 것은 옳지 않아요. 환각이나 망상 같은 증상은 객관적으로는 틀리다고 생각되기 쉬운데 그렇지 않습니다. 각각의 환자의 주관이 중시되어야 해요.

예를 들어 "아무도 없는데 무슨 소리가 들린다"는 이야기를 환자가 했다고 해요. 이런 이야기를 들으면 환청이라고 생각하겠지요.

그럼 이 환자가 듣고 있는 소리는 전혀 무의미한 것일까요? 만약 이 사람이 회사에서 매일같이 무서운 상사에게 "왜 이렇게 간단한 일도 못해?"라며 혼나고 있다고 해 봐요. 그런 일이 계속되던 어느 시기부터 집에 돌아가도 그 상사의 호통소리가 들리게 되었다면 어떨까요?

객관적으로는 "그런 소리는 들리지 않아"라고 말할 수 있지만, 환자에게 그 소리는 강렬한 현실성을 띠고 나타나는 것이라고 봐야 해요. 그렇다면 환청이 일어나도 그다지 이상하지 않게 됩니다. 따라서 이 환청이 전혀 근거 없는 것이라고는 할 수 없지요. 어떤 환자는 기르던 고양이가 죽은 후, 그 고양이의 울음소리가 들리는 듯한 느낌이 든다고 말할 수도 있고요.

마음의 병에는 객관과 주관이 대립하는 경우가 있는데, 주관에도 명확한 현실성이 있어요. 이것을 무시하면 마음의 병의 치료는 불가능합니다. 치료자가 "너의 의견은 주관적인 것에 지나지 않아"라고 말한다면 아무도 그 치료자에게 가고 싶지 않겠지요. 또 치료자가 "상사에게 갑질을 당한 사람 중(반려동물을 잃은 사람 중) 몇 퍼센트는 당신과 같은 상태가 됩니다"라고 간단히 말해 버리면, 어쩐지 자신의 이야기를 제대로 듣지 않은 것 같은 마음이 들지요. 자신의 주관적인 이야기가 객관적인 데이터로 대체되었다고 느끼게 됩니다.

몸의 병은 대상을 객관화함으로써 치료하는 데 반해, 마음의 병은 주관적인 것을 주관적인 상태에서 다룸으로써 치료합니다. 이것이 마음의 병과 몸의 병의 큰 차이예요. 마음의 기능에 병이 생긴다는 것은 "나는 어떤 인간인가"라는 자기 자신에 대한 인식과 관련됩니다.

마음의 병에 걸리면 나 자신이 달라지나요?

달라진다고도 할 수 있고 달라지지 않는다고도 할 수 있어요. 그것은 마음의 병을 자신이 어떻게 받아들이는가에 달려 있고, 병에 걸리면서 자신의 성질을 처음으로 알게 되는 경우도 있기 때문이에요.

마음의 병에 걸린 사람은 정신과나 상담 센터에 가는 경우가 많아요. 마음의 병은 그 사람의 주관과 관련되는 것이기 때문에 객관적인 것을 다루는 몸의 병과는 다른 방법으로 마음의 병을 진료합니다. 물론 정신과에서도 몸을 진료하는 경우도 있지만 주로 환자의 주관적인 체험을 듣고 거기서부터 진료나 치료를 해요.

그렇다면 의사나 상담사는 환자의 주관을 어떻게 알 수 있을까요? 나의 주관은 나 자신만의 것이어서, 다른 사람이 무엇을 생각하는지, 어떻게 느끼는지 다른 사람의 주관은 좀처럼 알기 어렵지요. 그러나 마음의 병을 치료하는 정신과에서는 환자의 주관을 모르면 진단도 치료도 불가능해요. 더욱이 마음의 병은 '나의 주관 자체가 나 자신에게 수수께끼로 나타나는' 경우도 많아요. '내가 생각하는 것은 나 자신이 가장 잘 알고 있다'고 흔히 말하지만, 마음의 병에 걸리면 나의 주관적인 체험 그 자체를 자기 자신이 잘 모르게 되기도 합니다.

예를 들어 나중에 소개할 '강박증'이라는 마음의 병은, 아무리 손을 씻어도 손이 더러운 듯한 기분이 들어 몇 번이고 계속해서 손을 씻는 증상이 나타나기도 해요. 주변 사람들은 "네 손은 더럽지 않아. 아까 닦았잖아"라고 말할 수 있겠지만, 실은 환자 본인도 "내 손은 방금 전 씻었고 더럽지 않다"는 것을 잘 알고 있어요. 머리로는 이해하고 있지만 주관적인 체험으로는 "내 손은 더럽지 않나?"라는 불안을 도저히 털어 낼 수 없는 상태입니다. 이때 환자는 자신의 주관적인 체험으로 고통받고 있고 스스로의 주관을 통제할 수 없게 되는 겁니다.

환자가 이러한 상태에 빠져 있으면, 치료자가 환자의 주관을 이해하지 않는 한 정확히 진단도 치료도 할 수 없는 어려운 상황에 놓이게 돼요.

⸺ 마음은 왜 아플까?

다른 사람의 주관을 어떻게 이해할 수 있죠?

마음의 병을 다루는 정신의학에서는 세 가지 방법을 사용하고 있어요.

첫 번째는 정신과에서 가장 일반적으로 사용되는 방법으로 '이해(앎)'라는 방법이에요. 감정이입과 비슷한데 내 눈 앞의 환자의 입장이 되어 보는, 또는 비유적인 의미로 '그 사람의 신발에 나의 발을 넣어 보는' 방법으로 상대에 대해 '아는' 것을 시도하는 방법이에요.

예를 들어 어떤 환자가 "내 손이 더럽지 않나 자꾸 생각하게 돼요. 그 때문에 손 씻기를 멈출 수가 없고 스스로도 혼란스러워요"라고 말했다고 해요. 이 체험을 치료자가 자기 마음속에 '생생하게 묘사해 보는' 겁니다. 물론 "내 손이 더럽지는 않을까?"라고 곧바로 감정이입을 하기는 어렵겠지요. 그렇지만 내 손에 시궁창의 오물 같은 것이 묻어 있는 상태를 상상하고, 그것을 씻어 내도 내 손에서 자꾸 오물이 나오는 것 같은 상태를 상상해 보며 기분을 증폭시켜 봅니다.

그러면 "손 씻기를 멈출 수 없다", "혼란스럽다"는 감정은 어렴풋이 "알겠다"가 됩니다. 씻어도 씻어도 시궁창의 오물이 떨어지지 않고, 게다가 손을 씻는 나를 주변 사람들이 이상한 눈으로 보고,

나 자신도 이상하다는 것은 잘 알지만 도저히 멈출 수 없는 괴로운 상태를 조금은 체험할 수 있게 되지요. 상대방의 입장이 되어 봄으로써 환자에게 일어나고 있는 주관적 체험이 어떤 것인지를 알 수 있습니다. 그것이 가능하면 이번에는 "내 손이 더러운 것이 아닌가 하는 기분이 자꾸자꾸 일어나는 상태" 그 자체도 점점 알 수 있게 됩니다.

정말 그래요?

누구나 불안을 느낀 경험은 있지요. 뭔지 잘 모르겠지만 매우 불안해서 잠을 잘 수 없었던 경험이 있지요? 그러면 "이 사람이 느끼는 불안은 그것보다 조금 센 것일까?" 등의 상상이 가능하지요. 내가 체험한 것은 밤의 짧은 시간이었지만 그것이 좀 더 세지면 어떤 걸까, 게다가 하루 종일 계속되는 느낌이라면? 하는 식의 상상입니다. 혹은 내가 지금까지 경험한 감각의 일부분을 조합한 것일까? 하고 생각함으로써 잘 알게 되기도 해요.

이렇게 알기 위한 작업을 열심히 계속함으로써 "이 환자가 주관적으로 체험한 것은 이런 것이다"는 것을 생생하게 아는 것을 목표로 합니다. '상대방의 마음이 되어 본다'는 것은 도덕 수업에서는 쉽게 말하지만 하나하나 성실히 수행해 가기가 매우 힘들어요. 그러나 훈련을 하다 보면 점점 잘할 수 있게 됩니다.

이런 가운데 치료자는 환자에게 몇 개의 질문을 하는데, 그때는 치료자가 환자의 주관적인 체험을 알고자 하는 것이 환자 측에도 전달돼요. '안다'기보다 '함께 체험한다'는 느낌에 가까워지면 대성 공입니다. "이 사람은 나의 주관적인 체험의 세심한 부분까지 느껴 준다"는 것을 알게 되는 진찰은 환자에게도 만족도가 높고, 환자 자신이 지금까지 미처 몰랐던 것을 진찰 중에 비로소 알게 되기도 해요.

자기 자신에게 일어나고 있는 일들의 형태가 잘 보이지 않을 때는 누구라도 무섭다고 생각하지만, 함께 체험하는 것을 통해 점점 형태가 보이게 되면 조금은 두려움이 줄어들어요. '이해 (앎)'라는 방법에는 이러한 치료적인 효과가 있습니다.

이해하는 척한다고 생각하진 않을까요?

그럴 수도 있지요. "멋대로 남의 마음속 상태를 추측해서 이야기를 만들고 있는 것은 아니야?"라는 말을 듣게 된다 해도 반박하기 어렵습니다. "나의 주관은 남들은 모른다"는 것은 맞는 말이에요. 그렇지만 이 생각은 "나와 타인은 처음부터 구별된 두 명의 개인이다"는 생각을 전제로 하고 있지요. 서로 다른 두 사람 중 한쪽이 말로 상대방에게 전하고, 그것을 들은 쪽은 그 말로 상대방의 상태를 알고자 하지만 궁극적으로는 알 수 없다고 주장할 수 있어요.

그런데 처음부터 '나와 타인은 구별되어 있는가' 하면 반드시 그렇지도 않습니다. 모두가 원을 이루어 놀고 있을 때 누가 나이고, 누가 타인인지 그런 구분이 없어지는 순간을 경험한 적이 있지 않나요? 또는 학교에서 합창 대회에 나간다거나 연극을 한다든지 해서 모두가 하나를 이루고 있을 때, 내가 어떻고 타인이 어떻고 하는 것이 그다지 관계없다가 문득 생각하니 "내가 있고 옆 사람도 있다"고 의식한 적은 없나요? 처음에 '우리'가 있고, 그다음에 나 또는 타인이라는 개인을 의식하게 되는 측면도 인간의 경험에는 있습니다.

처음부터 "나와 타인이 있다"고 생각하는 것이 아니라, 처음에는 "나도 타인도 없고 모든 것이 연결되어 있었다"고 생각하는 것이죠. 이렇게 생각하면 "나의 주관을 다른 사람은 모른다"가 아니고, 오히려 "나와 타인은 처음부터 무엇인가를 직접적으로 공유하고 있는 것"이 됩니다.

나와 타인이 연결되어 있다는 생각은 해 본 적이 많아요

보통 때는 의식하지 않지만 나와 타인 사이에는 '우리'라는 연대의식이 있어서 사람과 사람이 원활하게 소통할 수 있지요. 오해하지

않기를 바라는데, 인간은 타인에 대해 일종의 동물적인 느낌으로 알 수 있어요. 텔레파시를 보내고 있는 것이지요. 이것을 '간주관성(집단 또는 개별적 인간에게 내재된 공통된 이해 : 옮긴이)'이라고 해요. 문자만으로, 언어만으로 사람들과 소통하는 것은 매우 어렵지요. 오해도 일어나기 쉽고요. 하나의 같은 공간(상황)을 공유하고 마주하고 있을 때 소통은 쉽습니다. 이처럼 '간주관성'을 사용해서 아는 방법이 두 번째 방법이에요.

세 번째는 '정신분석'에 의한 방법이에요. 정신분석은 현대의 '카운슬링' 기초의 하나가 된 치료법입니다.

정신분석은 면담 횟수가 많아서 주 3회, 4회, 5회 이상인 경우도 있어요. 그 정도로 빈번하게 면담을 계속하면 어떤 특별한 일이 일어납니다. 치료자와 환자와의 관계가 달라지는 거지요. 환자가 치료자에 대해 독특한 감정을 품게 되고, 치료자를 매우 좋아하게 되기도 하고 매우 싫어하게 되기도 합니다. 사랑과 증오가 동시에 일어나는 경우도 있어요.

이런 현상을 정신분석 용어로 '전이'라고 해요. '전이'는 '장소를 이동시키다'는 의미인데, 과거의 인간관계가 현재의 치료관계로 이동하고 있다고 생각할 수 있어요. 특히 환자가 어렸을 때 소중한 타자였던 아버지나 어머니와 경험한 관계가 현재의 면담에서 환자와 치료자 사이에서 재현됩니다.

　　　　　　　　　　　　　　　　　　　── 마음은 왜 아플까?

'전이'는 좀 무서운 것 같아요

초등학생일 때 여자 선생님에게 '엄마'라고 부른 적 없나요? 그것 역시 과거의 자신과 엄마의 관계를 현재의 자신과 선생님의 관계에서 재현하고 있다고 생각하면 '전이'와 비슷해요.

정신분석에서 전이는 이상한 것이 아니고 오히려 치료를 위한 하나의 무기라고 볼 수 있어요. 전이가 일어나기 때문에 치료가 가능합니다. 정신분석에서는 마음의 병의 대부분은 어렸을 때의 체험에 뿌리를 두고 있어서, 그것이 사춘기나 어른이 된 후에 다른 형태로 나타나는 것이라고 여기기 때문이지요.

전이가 일어나 어렸을 때 중요했던 인물과의 관계가 현재의 치료관계로 재현된다는 것은, 병의 근원인 유소년기의 인간관계를 현재 상황에서 조절할 수 있다는 말이 돼요. 만일 전이가 일어나지 않는다면 타임머신을 타고 과거로 돌아가 유소년기에 일어난 일들을 바꾸어야 하지만, 전이 덕분에 치료자는 타임머신 없이도 그것과 비슷한 일을 경험하게 되는 거예요.

대개 주 1회 이상 특정한 방법으로 면담을 계속하면 환자가 전이를 일으키고, 과거의 중요한 인물과의 관계를 현재의 치료자와의 사이에 재현하게 되는 경우가 많이 있어요. 치료자가 좋아지거나 싫어지거나 또는 애정과 증오가 동시에 생기는 감정이 나타나는 것은, 과거에 환자가 아버지나 어머니와 가지고 있던 관계가 그런 것이었기 때문이에요.

전이가 일어나면 치료자도 환자에 대해 특별한 감정을 갖게 되는 경우가 있는데, 이것을 '역전이'라고 해요. 정신분석의 주류에서는 이것을 환자가 체험하고 있는 마음의 세계를 치료자가 마음속에 직접적으로 투영하는 것이라고 봐요. 전이가 성립하면 환자는 어렸을 때 부모와의 관계를 치료자에 대해 갖고, 이때 치료자에게 발생하는 독특한 감정은 이 환자가 어렸을 때부터 계속 느껴 온 세계 그 자체라고 보는 겁니다.

예를 들어 환자가 여러 이야기를 하는데 치료자에게는 그것이 단순히 언어의 나열만으로 들린다고 해 봐요. 그 환자의 이야기가 논리적이기는 해도 어딘가 무미건조하고 공허한 느낌을 치료자가 받았다고 합시다. 이때 치료자가 느끼는 무미건조한 말뿐인 세계는 환자가 유아기 친부모와의 관계에서 체험한 세계일 수도 있다고 생각하는 겁니다. 이것이 역전이를 사용해서 아는 방법이에요.

'역전이'는 정말 헌신적이네요

그렇지요. 이 세 가지 방법은 모두 어떤 의미에서는 치료자가 자신을 혹사해서 실시하는 것이지만 특히 역전이를 사용하는 방법은 매우 힘들어요.

정신분석은 프로이트(1856~1939)가 발명한 마음의 병 치료법이에요. 프로이트는 대부분의 환자를 매일 면담했어요. 그랬더니 환자가 프로이트에게 매우 감정적이 되고 애정, 분노, 미움을 드러내게 되었어요. 어째서 그런 일이 일어나는지를 탐색해 보니 어렸을 때 부모와의 관계가 현재에 재현되고 있는 것이라는 사실을 알게 되었지요. 프로이트가 그것을 '전이'라고 이름 붙인 것은 지금부터 100년도 더 지난 일이에요.

원래 전이는 학교에서 여자 선생님을 엄마라고 부르는 예처럼 일상생활에서도 흔하게 약한 형태로 일어납니다. 정신분석은 그것을 진료실에서 농축된 형태로 발생시켜 환자를 치료하고자 했어요.

정신의학이나 정신분석에서는 대체로 이 세 가지 방법으로 다른 사람의 주관을 이해하는 기초를 다져 왔어요. 마음의 병에 걸리면 "나의 괴로움은 누구도 이해하지 못한다"고 생각할 수 있지만 실은 그렇지 않아요.

어떻게 치료하나요?

환자의 '주관'적인 체험을 듣는 게 중요하겠어요

네, 앞에서 마음의 병은 주관적인 것이 매우 중요하고 그것을 다루는 것이 정신의학이나 정신분석이라는 이야기를 했지요. 물론 정신의학도 의학의 한 분야이기 때문에 몸에 관한 것, 특히 뇌에 관한 것을 생각해야 합니다. 인간의 마음은 많은 부분이 뇌(중추신경계) 기능과 연관되어 있는 것으로 알려져 있어요.

뇌는 의학적으로 보면 물질이고 '대상'입니다. 즉, 객관적인 것이에요. 실제로 뇌를 MRI나 CT로 스캔하면 뇌의 형태가 자세하게 보여요. 뇌는 뇌척수액이라는 액체에 둥둥 떠 있는데, 척추 부분에 바늘을 넣어 그 액을 뽑아 조사하면 염증이 발생한 것을 알 수도 있어요. 두개골을 열어야만 하는 경우, 뇌를 드러내어 특정한 부위에 전기적으로 자극을 주면 눈앞에 영상이 나타나거나 몸이 움직이거나 해요. 이렇게 '대상'으로서의 뇌는 여러 방법을 사용해 조사하거나 조절할 수 있지요.

기계 같아요

그렇지요. 기계도 뇌도 전기적인 신호에 의해 움직인다는 점에서는 같아요.

무언가를 생각하거나 감정을 갖거나 행동으로 옮기거나 할 때 뇌에서는 정보를 전달하는 '도파민', '세로토닌', '노르아드레날린' 등의 신경전달물질이 역할을 해요. 현재 신경과에서 사용하는 많은 약은 이러한 신경전달물질을 늘리거나 줄여서 역할을 높이거나 역할이 지나치지 않도록 하는 거예요.

예를 들면 우울증으로 뇌 내의 신경전달물질이 적어졌을 때, 그것을 늘리는 역할을 하는 약을 투여해서 정상적인 뇌 기능에 가까워지도록 해요. 약은 물론 물질이지요. 물질이 작용한다는 것은 마음의 병에도 물질적인 면이 틀림없이 있다는 의미예요. 이런 이유로 마음의 병은 결국 뇌의 병에 지나지 않는다는 극단적인 입장도 있지만, 뇌만으로는 인간의 마음은 좀처럼 설명할 수 없습니다.

잠깐만요, 몸의 다른 부분은 마음의 병과 관계없나요?

물론 관계있어요. 예를 들어 신장이나 간이 나빠졌을 때는 의식 장애가 일어나요. 멍한 상태가 계속되어 악화되면 혼수상태가 됩니다. 환각 증상이 나타나는 경우도 있고요. 이런 경우에도 뇌와 관련이 있습니다. 신장이나 간이 나빠져서 몸속에 노폐물이 쌓여, 그것이 혈액을 통해 뇌까지 도달하게 되면 의식장애가 일어난다고 알려져 있지요. 뇌의 관여 없이 몸의 병으로만 마음의 병이 나타나는 일은 없겠지요.

그런데 마음의 병에도 물질적인 면이 있어서 약 같은 물질을 사용해 치료할 수 있다고 해도, 그렇게 치료하는 것이 늘 올바른 방법이라고는 할 수 없어요. 예를 들어 환각은 없는 것이 좋다고 생각할 수 있어요. 그래서 환자에게 환각을 일으키는 뇌의 작용을 억제하는 약을 사용해 환각을 없애는 것이 좋다고 생각하기도 해요. 그런데 환각이나 망상, 불안 등이 완전히 없는 상태가 정말 좋은가 하면 그렇다고 단언할 수도 없어요. 예술가 중에는 마음의 병에 걸려 여러 환각이나 망상으로 고통받으면서도 뛰어난 작품을 남긴 사람들이 많이 있습니다. 고흐가 대표적이지요.

물론 본인이 괴롭다고 느끼고 그 고통을 완화시키는 것에 동의한다면 환각이나 망상이 없어지게 하는 것이 좋겠지요. 그러나 완벽하게 제로로 만드는 것을 목표로 하면 다른 문제가 발생해요. 뇌 신경전달물질의 역할을 억제하는 약을 사용하면 환각이나 망상을 완화시키지만, 그 약은 환자의 자발성을 약화시킬 수가 있습니다. 약이 뇌의 기능을 지나치게 억제해 버리는 것이지요.

과거에는 '정신외과'라는 의학 분야가 있어서 중증의 조현병 환자에게 '로보토미(lobotomy)' 수술을 했어요. '로보'는 'lobe', 영어로 '잎'을 가리키는 말로, 로보토미는 안와(眼窩) 뼈의 틈 사이로 메스를 넣어 뇌 안의 전두엽과 뇌의 다른 부분을 연결하는 신경조직을 절단하는 수술이에요.

너무 무서워요!

영상도 남아 있는데 호러영화를 보는 것 같아요. 매우 충격적인 영상입니다. 전두엽은 사고를 담당하는 곳이기 때문에 이 수술을 받은 사람은 생각하거나 자발적으로 무언가를 하는 일이 적어져요. 완전히 자발성을 잃어버려 빈껍데기 같은 상태가 된 사람도 많이 있었어요.

1935년에 로보토미 수술의 원형을 개발한 에가스 모니스라는 의사는 그 공적으로 노벨생리학 의학상을 수상했어요. 물론 지금은 비인도적이라고 하여 더 이상 하지 않아요. 로보토미는 과거의 일이 되었지만, 현재도 조현병 등에 사용하는 약의 원형이 된 것은 '크로르프로마진'입니다. 이것은 원래는 인공적으로 동면 상태를 만들기 위한 약이에요.

동면 상태요?

네, 이 약은 심장이나 위장, 폐 등의 자율신경 기능을 억제하는 효과가 있어서 대량으로 투여하면 동면하는 듯한 상태가 돼요. 원래는 수술 후 과잉된 자율신경 반응을 억제하기 위해 사용되던 약인데, 1952년에 이 약이 조현병의 환각, 망상 등의 증상을 억제한다는 것이 밝혀졌어요.

로보토미 수술도 크로르프로마진도 인간의 자발성을 억제한다는 점에 주의해야 해요. 이러한 수술이나 약은 환자를 얌전하게 해서 주변 사람에게 피해가 되지 않도록 하면 관리하기 쉽다는 발상으로 쉽게 이어지곤 합니다. 즉, "이 녀석은 시끄러우니까 입 다물게 해야지"라는 식이 되어 매우 위험해요.

마음의 병이 있는 사람은 이상한 말도 하지만 바른 말도 합니다. 마음의 병이 있는 사람이 환각이나 망상에 관해 이야기하면 주위 사람들은 "이상한 소리 하네"라고 생각할 수 있지만, 보통 사람들도 비슷하게 이상한 말을 하기도 하고, 거짓말이나 헛소문을 퍼뜨리기도 하지요.

예전에는 정신과 병원의 환경이 지금보다 훨씬 열악했어요. 병원의 의료진이나 직원에 의한 폭력도 있었고요. 병원의 수입을 위해 환자를 일부러 퇴원시키지 않는 일도 있었어요. 병원은 치료를 하는 곳인데, 치료를 한다는 명목으로 환자의 자유를 빼앗는 일이 있었던 겁니다.

마음의 병에 대한 치료는 인간의 마음을 객관적인 대상으로 다루어 조절하는 것을 가능하게 하지만, 병원이나 국가에 의해 사람의 마음이 관리되는 위험성도 가지고 있습니다. 실제로 정신의학은 19세기에 태어난 비교적 새로운 학문인데 초기에 '정신장애는 뇌의 병이다'라는 입장과 '정신장애는 마음의 병이다'라는 입장이 대립했어요. 물론 앞에서 이야기한 것처럼 정신장애에도 뇌의 병으로서의 측면이 있지만, 정신장애를 단순히 뇌의 병으로만 파악하면 환자의 자유를 빼앗을 가능성이 있습니다.

'정신장애는 뇌나 마음의 문제다'라는 생각 외에도, '정신장애는 사회문제다'라는 생각도 있어요. 신체장애가 있어서 휠체어를 타는 사람을 생각해 봐요. 휠체어를 타는 사람은 경사로나 엘리베이터 없이 계단만 있는 시설은 이용할 수 없지요. 장애가 없는 사람이 일상적으로 하는 일들을 포기해야 하고, 사회 참여의 기회를 빼앗기게 됩니다. 물론 지금은 교통시설이나 공공기관, 학교 등에서 배리어프리(무장벽) 구역이 늘고 있지요. 외부 환경을 배리어프리로 정비하면 장애가 있어도 자신의 힘만으로 도서관이나 학교에 가거나 대학에 갈 수도 있어요.

장애는 당사자만의 문제가 아니네요

휠체어를 타는 사람의 경우, 얼핏 장애는 그 사람의 몸에 있는 것처럼 보이지요. 그런데 경사로나 엘리베이터를 설치하지 않고 계단만 둔 회사가 장애를 만들고 있다고 생각할 수도 있지 않을까요. 개인의 신체에 장애가 있는 것이 아니고, 그 사람이 무엇을 할 수 없게 만드는 사회가 장애라는 관점이지요. 이것을 '장애의 사회적 모델'이라고 해요.

즉, 사회가 어떤 기준을 만들어 어느 특정한 사람들을 배제했기 때문에 그 사람들이 장애를 가지고 있는 것처럼 보인다는 거예요. 예를 들어 키가 큰 사람이 많은 나라에서는 남자 화장실의 소변기가 매우 높게 위치해 있겠지요. 그렇게 되면 저는 그것을 사용할 수 없기 때문에 장애인이 되고 말아요. 다리가 매우 긴 사람만 많은 나라에서는 계단 한 단의 높이가 우리나라의 두 배 정도 될 수도 있겠

지요. 보통의 건강한 사람이라도 그런 나라에 간 순간 장애인이 될
수 있어요.

　이런 생각은 마음의 병에도 적용됩니다. 흔히 마음의 병을 갖고
있는 사람들에 대해 '분위기 파악을 못한다'라고 말하는 경우가 있
어요. 그런데 학교나 직장에서 어떤 사람이 '분위기 파악을 못한
다'는 말을 들을 때, 오히려 '그 사람이 알 수 없는 분위기를 만드
는 환경이 나쁘지 않은가?'라고 생각할 수도 있지 않을까요? 교
실에서 '분위기 파악을 못한다'는 소리를 듣는 사람이 있는 경우,
대개 그 사람이 알 수 없도록 의사소통을 하기도 합니다. 그런 말을
듣는 사람이 더욱더 학급에 녹아들기 어렵게 하는 것이지요. 안타
깝게도 인간이란 원래 그런 일을 잘합니다.

음, 그런 일이 있지요

그런 사회가 마음의 병이 있는 사람들을 더욱더 살기 어렵게 하지
요. 때문에 '장애의 사회적 모델'은 마음의 병을 생각하는 데도 중
요해요.

　뒤에서 소개되는 섭식장애의 대부분은 먹고 토하는 것을 반복해
요. 그러려면 먹을 것을 잔뜩 사 와야 하지요. 그 결과 점점 돈이 떨
어지고 가게에서 슬쩍 물건을 훔치는 사람도 생겨요. 그러다가 들

키면 처음에는 가족이 찾아와 가게 주인에게 사죄하고 집으로 데리고 가지만, 그런 일이 여러 번 반복되면 가족들도 점점 포기하게 되고 가게 주인도 경찰에 신고하게 됩니다. 경찰이 오면 사건이 되지요. 처음에는 집행유예를 받게 될 가능성이 크지만, 집행유예 중에 한 번 더 같은 일을 반복하면 실형을 받게 되어 교도소에 가게 됩니다.

교도소에도 의사가 있지만 거기서 섭식장애를 전문적으로 치료하는 것은 불가능해요. 환자가 3년 정도의 형기를 마치고 사회에 복귀해도 치료가 충분히 이루어지지 않았기 때문에 병은 그대로이거나 더 나빠질 수도 있어요. 게다가 일을 해서 생활하려고 해도 "전과자는 좀…"이라며 거절당하기도 해요. 결국 여러 지원을 못받는 상태가 되고, 건강 상태도 나빠져 거식, 과식, 절도를 반복하여 출소 몇 개월 만에 다시 체포되는 것을 반복하게 됩니다. 교도소에만 20회 들어가는 사람도 있었어요. 인생의 절반 이상을 교도소에서 지내는 것이지요.

사회가 받아 주지 않네요

이런 사람들에게는 무엇이 장애일까요? 섭식장애라는 병으로 이렇게 되었다고 여기기 전에, 사회에서 그 병이 어떻게 다뤄지고 있는지를 볼 필요가 있습니다. 섭식장애에 대한 사회의 대응 방식이 병을 가지고 있는 사람이 어떤 인생을 보낼지를 정한다고 생각해 보는 것이지요. 가정을 꾸리거나 아이를 낳고 좋아하는 일을 하며 살 수도 있었던 사람이, 사회에 복귀시키지 않으려는 사회에 편입됨으로써 자유로운 인생의 가능성을 빼앗기게 된 것이지요.

사회가 나쁘다고 보는 관점에는 정신장애는 존재하지 않는다는 극단적인 입장도 있어요. 단지 사회가 낙인을 찍고 있을 뿐이고, 자신들이 사회에 받아들이고 싶지 않은 사람을 '○○장애' '○○병'이라며 배제하기 위한 방편으로 사용한다고 보는 입장이에요.

그런데 모든 사람에게 완전한 배리어프리 사회가 실현되면 마음의 병이 없어지는가 하면 그렇지도 않아요. 마음의 병에 대해 뇌만으로 설명하거나, 사회만으로 설명하려는 입장은 양쪽 모두 소중한 것을 놓치고 있다고 생각합니다.

'주관'을 놓치고 있나요?

그렇지요. 환자의 주체적인 부분을 놓치고 있는 것이지요. 뇌만으로 설명하는 입장이 놓치고 있는 것은 '주관'이에요. 사회만으로 설명하는 '사회적 모델'도 환자의 개별적인 어려움을 보지 않게 되기 쉽고, 그 결과 '주관'을 놓치게 됩니다. 마음의 병에서 '마음'이란 이런 의미에서 '주관'이라고 말할 수 있어요. 뇌만으로 또 사회만으로 설명하는 입장으로는 다룰 수 없는 것이 '마음'으로, 정신의학은 그 부분을 중요하게 다룹니다. 한쪽에 뇌, 또 한쪽에 사회라는 것을 둔다면 그 한가운데 있는 공백지대 안에 보이는 것이 '마음'이에요.

'마음'을 이렇게 생각할 경우, 치료 또한 단순히 약을 사용해 증상을 억제하면 되는 것은 아니게 되지요. 뇌로 모든 것을 설명하는 사고방식에서 치료는 '뇌를 올바른 형태로 만든다', '뇌를 정상으로 작동하도록 한다'는 생각으로 치우치기 쉬워요. 말하자면 "보통은 둥근 형태인데 당신의 뇌는 울퉁불퉁하니 이 부분을 조금 잘라서 둥글게 합시다"라는 식이 되는 거지요. **마음의 병의 치료에서 정말 중요한 것은 그렇게 '바꾸는' 것이 아니라 본인이 '변하는' 것을 도와주는 겁니다.** 그리고 '본인이 어떻게 변할 것인가'는 그야말로 본인의 주관에 달려 있고요.

진료실에서는 환자의 주관이 어떤 식으로 변해 가는지를 지켜보고 다가가는 것이 중요해요. 정신과 환자들은 주위 사람들에게 '올바른 모습이 되라'는 말을 계속 듣지요. 어떤 사람에게 '분위기 파악을 못한다'고 지적하는 것은 '너는 올바른 모습이 아니니 올바른 모습이 되라'고 압력을 가하는 것과 같아요. 유일하게 그런 말을 하지 않고 변화하는 것을 지켜봐 주는 곳이 정신과 진료실(상담실)인 것입니다.

적극적으로 바꾸려는 노력을 하는 게 아니고요?

'지켜본다'든지 '다가간다'고 하면 소극적이고 아무것도 하지 않는 것처럼 들릴 수 있지만 전혀 그렇지 않아요. 실은 '무엇인가를 적극적으로 바꾸려고 하지 않는 환경을 만들고 그 환경을 유지하여, 그 속에서 변화를 지켜보는' 것이 더 어려운 일이에요. 우리 사회에서 그와 같은 장소는 진료실 외에 달리 없습니다.

그 기능은 치료자(의사나 상담사)라는 제3자(완전한 타인)가 아니면 할 수 없어요. 정신과 의사나 상담사 누구나 "상담 불가능한 환자가 있습니까?"라는 질문을 받으면 틀림없이 "나의 가족이나 친구 또는 상사나 부하"라고 대답할 거예요. 일상생활이나 직장에서 어떤 관계를 맺고 있는 사람에게는 개인감정이 섞여서 좋은 쪽으로 변하길 바라는 생각을 하게 되기 쉬우니까요.

부모들은 자식에 대해 더 똑똑해지기 바라고, 스포츠를 더 잘하기 바라고, 정리정돈을 잘하기 바랍니다. 일상생활이나 직장과 아무런 관계가 없는 제3자가 아니면 '지켜보는' 것은 불가능해요. 치료를 받는 쪽도 마찬가지여서 단순한 상담이라면 가족이나 친구에게도 할 수 있어요. 그런데 가족에게 할 수 있는 상담과 친구에게 할 수 있는 상담은 질이 다르지 않나요? 친구에게 할 수 있는 상담은 대개 가족에게 할 수 없고, 가족에게 할 수 있는 상담은 친구에게 할 수 없지요.

또 친구에게 이야기하는 경우, 비밀을 지켜 줄까? 나를 싫어하게 되면 어쩌지?라고 생각할 수 있고, 반대로 가족이기 때문에 상담하기 어려운 것도 많을 겁니다. 이렇게 보면 세상에는 불가능한 상담이 많이 있게 되지요.

전문가의 상담은 무엇이 달라요?

대원칙은 비밀을 지키는 겁니다. 환자가 진료실에 와서 이야기한 것은 물론 기록하지만 다른 누구에게도 이야기하지 않아요. 중학생이 진료를 받았다고 해도 아버지나 어머니에게도 본인의 동의를 받지 않고 상담 내용을 이야기하는 일은 없어요. "여러분의 비밀은 반드시 지켜집니다. 만일 누군가에게 여러분에 관해 전달할 필요가 있을 때에는 사전에 여러분의 허가를 받습니다"라고 철저히 비밀을 지킨다는 것을 상담 전에 먼저 확인합니다.

또 한 가지는 환자와 어떤 개인적인 관계도 만들지 않는다는 거예요. '환자와 나의 관계는 진료실 안에서만의 관계'라는 것을 분명히 합니다.

돈을 지불하는 것도 중요해요. 돈은 지불하거나 받음으로써 관계를 단절하는 기능을 합니다. 남에게 은혜를 받으면 나도 되돌려

줘야 한다고 생각하지요. 인간은 이런 마음이 매우 강해서 상대가 상담을 해 주면 나도 뭔가 대가를 지불하지 않으면 안 된다는 마음이 들지요. 병원은 이야기를 들어 주거나 무언가를 해 주고 돈을 받아요. 그래서 다른 무언가를 돌려줘야 하는 일은 없습니다.

'비밀을 지킨다' '진료실에서만 만난다' '돈을 지불한다'는 세 가지 원칙에 의해 다른 장소에는 없는 관계, 그곳에서만 만들어지는 관계를 진찰실 안에서 만들 수 있어요. 정신과 의사나 상담사는 원칙적으로 그렇게 만들어진 인공적인 관계를 망가뜨리는 일은 절대하지 않습니다. 환자와 병원 밖에서 만나지 않고, 환자에게 선물을 하거나 받지도 않습니다. 일상적인 인간관계에서 하는 일들은 하지 않고, 돈을 받지 않고 진찰하는 것도 기본적으로는 하지 않아요.

이러한 치료의 형식이 되는 조건을 '치료 구조'라고 하는데, 치료의 근본을 유지하는 데 가장 중요합니다. 이렇게 행해지는 상담은 치료자가 환자에게 무언가를 지시하여 "그대로 하면 좋아진다"는 식이 아니에요. 진료실이라는 매우 특수한 인공적인 공간을 만들어 그 공간을 유지하는 것이야말로 치료자가 해야 하는 가장 중요한 일입니다.

진료실은 환자의 주관적인 것들을 그대로 이야기할 수 있는 유일한 공간이고, 그 곳에서 자신의 주관적인 표현들을 충분히 할 수 있는 그런 체험을 주 1회 갖는 것만으로도 그 사람은 변합니다. 바꾸려고 하지 않아도 변해요. 마음을 다룬다는 것은 그런 거예요.

　물론 이것은 이상적인 이야기입니다. 여러 제약이 있어서 진료 횟수가 처음에는 주 1회였던 것이 한 달에 한 번이 되는 경우도 생겨요(안정된 시기라면 3개월에 한 번이 충분한 경우도 있어요). 또 '올바른 형태로 만드는' 치료도 조금 실시해야 하는 경우가 있습니다. 약도 적지 않게 사용해야 하는데, 약을 사용하는 것은 '정상적인 형태'에 다가가게 하는 것을 포함하기 때문이에요.

　그 밖에도 자살 우려가 있을 때나 자해 행위가 있을 때, 또는 다른 사람을 해칠 우려가 있는 경우에는 입원을 시키는 등 강제적인 치료를 시도하는 일도 있습니다.

그래도 정신과 병원은 쉽게 못 갈 것 같아요

사람이 '올바른 형태로 바뀌는' 것은 무서운 일입니다. 그래서 병원에 가기 싫어하는 사람이 많지요. 특히 "나는 아프지 않아"라고 생각하는 사람일수록 더 그래요. 저는 그런 사람에게 **"나는 당신을 변화시키려는 것이 아니에요. 먼저 당신의 이야기를 듣고 당신이 어떤 체험을 하고 있는지 당신과 함께 알아보도록 해요"**라고 말합니다.

　"나는 병에 걸린 것이 아니니 절대 약은 먹지 않겠다"던 조현병 환자가 있었어요. 통원 치료를 하던 중 "최근에 여러 가지를 너무 생각해서 머리가 아프니 두통을 완화시키는 약이라면 먹을게요"라고 말하더군요. 물론 병을 인정하는 것은 아니었구요. 약을 먹어서 정말로 고통이 완화되면 치료자와의 신뢰가 생겨납니다. 약을 사용한 치료에서도 그런 변화가 생겨나도록 하는 것이 중요해요.

"여기서는 안심하고 이야기할 수 있어요"라는 관계가 만들어지면 자연스럽게 좋은 방향으로 변해 갑니다. 실제로 그 과정에서 치료를 중단하는 사람은 많지 않아요. 상담을 유지하는 것만으로 사람들이 어떻게 좋은 방향으로 가게 되는지 신기하지요? 강제적으로 '이렇게 해'라고 명령해서는 절대로 순조롭게 되지 않던 것이 상담을 유지함으로써 순조로워집니다.

사실 처음 병원에 왔을 때는 자신에게 무슨 어려움이 있는지 모르는 사람도 많아요. 병이 아니라고 말하는 사람이 상담이 이루어지고 치료자와 자신의 이야기를 나누면서 "실은 이런 일로 매우 힘들었어요"라고 말하게 되고, "이것을 어떻게 해 주세요"라는 의욕이 생기는 것은 자주 일어나는 일입니다. 스스로 병이라고 생각하고 있던 사람이 상담이 진행되어 가는 중에 완전히 별개의 일이 진짜 문제였다는 것을 아는 경우도 있고요. 스스로는 전혀 병이 아니라고 생각하고 있던 사람도 상담을 계속하는 사이에 변할 수 있고, 스스로 병이라고 생각하고 있던 사람도 상담을 통해 점점 변합니다. 변할 수 있는 여지를 만드는 것, 그것이 중요하지요.

그래서 변하는 것을 지켜본다고 하는군요

이런 곳이 없으면 어떻게 될까요? 스스로는 병이 아니라고 생각하고 있는 사람이 주변 사람들로부터 "너는 병이니까 입원해"라고 압박을 받아, 점점 옹고집이 되어 "나는 절대 병이 아니야"라는 생각이 더욱 강해지고 그대로 굳어 버립니다. 그 반대도 마찬가지예요. 주변에서 보면 아무렇지도 않은데 "나는 너무 아프다"고 생각하는 사람도 그대로 굳어져 버립니다. 양쪽 모두 고립되어 버리지요.

　정신과 의사나 상담사는 사람을 바꾸는 것이 아니라, 사람이 변하는 것을 지켜본다는 것을 강조하고 싶어요. 그렇지 않으면 "내 기분이 저 선생님으로 인해 바뀌는 것은 아닐까?"라든지, "나 스스로 통제할 수 없는 것을 저 선생님에게 조종당하는 것은 아닐까?"라고 생각하게 됩니다. 그렇게 되면 병원에 와서 진료를 받는 것이 두렵지요. 그게 아니라 나 자신이 변할 수 있도록, 좀 더 편하게 살 수 있도록 도움받을 수 있는 특별한 공간이 있다고 생각하면 좋겠습니다.

　단순히 약을 처방하고 끝인 병원도 있기 때문에 병원의 평판을 확인하는 것도 중요하고, '이 치료자와는 안 맞아'라고 생각한다면 다른 병원으로 옮기는 것도 중요해요. 대부분의 경우 초진은 시간이 걸립니다. 왜냐하면 초진에서는 환자의 인생에 대해 태어날 때부터, 경우에 따라서는 태어나기 전부터 지금에 이르기까지 듣고, 현재의 어려움에 대해서 들을 필요가 있기 때문이에요.

제 2 장

어떤 고통을 받고 있나요?

머릿속이 소란스럽다 – 조현병

조현병은 어떤 증상이 있나요?

조현병은 우울증이나 조울증(양극성장애)과 함께 정신의학이 중점적으로 다뤄 온 마음의 병이에요. 조현병의 증상으로 잘 알려진 것은 '환청'과 '망상'입니다. 또 하나의 증상은 '연상이완'이라는 것으로 여러 가지 일들이 연결되지 않고 토막토막 끊기는 것을 말해요. 인간의 말이나 사고는 대개 연결되어 있어서 다른 사람이 하는 말도 이해할 수 있는데, 상태가 나쁠 때의 조현병 환자의 말이나 행동은 이어지지 않고 단편적이어서 말이나 행동을 전체적으로 이해하기 어려워요.

이 세 가지가 조현병 환자에게 자주 보이는 증상이에요. 그러나 이것만으로는 조현병 환자가 어떤 세계를 살고 있는지, 어떤 생각을 하고 있는지, 무엇이 괴로운지 잘 보이지 않습니다. 따라서 조현병 환자가 살고 있는 세계에 들어가서 그들이 어떤 식으로 살아가는지 생각해 봐요.

들어가 본다고요?

전형적인 조현병 환자들의 인생에서 키워드가 되는 것은 '미래의 선취'입니다. 조현병은 미래를 선취하려는 병이고, 반대로 우울증은 과거의 일이 매우 중요해지는 병이에요. 보통 미래는 기다리면 오지만 조현병 환자는 무엇이 일어날지 알 수 없는 미래를 동경한다든지, 반대로 미래에 불안을 품으며 그 미래에 한 발 먼저 닿으려고 합니다.

미래에 닿으려고 한다고요?

무슨 말인지 모르겠지요? 우선은 전형적인 조현병 환자가 어떤 인생을 보내는지에 대해 이야기해 볼게요.

원래 조현병은 환자에 따라 여러 모습을 하고 있어서 환자가

100명 있으면 100가지의 조현병이 있다고 말해요. 대체로 비슷한 모습을 하고 있는 조울증이나 우울증과는 대조적이지요. 그럼에도 불구하고 공통되는 부분이 있습니다.

우선 조현병 환자는 태어날 때부터 조현병이 아니에요. 사춘기에서 청년기에 걸쳐서 발병하는 경우가 가장 많아서 대개 10대 후반부터 25세 정도에 나타납니다. 고등학생이나 대학생이 되거나, 사회에 진출하는 시기이지요. 여성의 경우 30대 중반부터 후반 정도에 증상이 나타나는 사람도 있어요. 40세 이상에서 증상이 나타나는 경우는 남녀 모두 거의 없습니다.

환자의 부모님에게 물어보면 대부분 "어렸을 때는 말을 잘 듣는 아이였다"고 말해요. "중·고등학교 때 반항기가 없었다"고 말하는 경우도 있고요. 본인이나 가족의 이야기를 들어 보면, 어렸을 때부터 본인의 의지대로 하기보다 오히려 주변 사람에게 맞추는 경향이 있던 것을 알 수 있어요. 주변 사람이 어떻게 생각하는지, 주변 사람이 무엇을 해 주기 바라는지 등을 매우 민감하게 받아들여 주변에 모든 것을 계속 맞춘 것이지요.

"다른 사람에게 잘 맞춘다"고 하면 좋게 생각하기 쉽지만 다르게 표현하면 "휘둘리고 있다"는 의미예요. "여기라면 사람들에게 휘둘리지 않고 안심하고 있을 수 있어", "여기라면 나답게 있을 수 있지", "내가 주체적으로 무언가를 할 수 있어"라는 자기 자신의 베이스캠프에 있는 듯한 감각, 말하자면 '안전보장감'이 조현병 환자의 유소년기에는 희박한 것 같아요.

안전보장감이라고요?

자신의 모든 기반이 되는 베이스캠프에 있을 때에 어린이들은 안심할 수 있고, 본인이 좋아하는 것이나 하고 싶은 것을 주장할 수도 있지요. 그런데 베이스캠프가 견고하지 않으면 안정된 장소가 없는 세계에 방치된 듯한 상태가 돼요. 그렇기 때문에 주위 사람을 열심히 관찰해서 주변에 자신을 맞춤으로써 어떻게든 자신의 생활을 유지하고자 합니다.

　배는 항구에 정박하고 있을 때는 닻을 내리고 로프로 해안가에 고정시켜 두어요. 고정시켜 두면 크게 움직이지 않기 때문에 배 위에서 안심하고 잠도 자고 먹고 마실 수 있지요. 그것이 보통의 어린 시절이라고 한다면 **조현병 환자의 어린 시절은 배가 해안가에 고정되지 않은 듯한 상태예요. 언제나 여러 방향에서 파도가 밀려와 배가 흔들리고 경우에 따라서는 전복될 수도 있는 불안으로 고통당해요.** 그래서 하나하나의 파도를 보며 파도에 자신을 맞춤으로써 생활을 유지하고 있는 겁니다.

피곤하겠어요

힘들겠지요. 그런데 부모님 입장에서는 자신들 생각에 자녀가 맞춰 주기 때문에 '양육하기 쉬웠다', '반항기가 없었다'는 인상을 갖게 되는 거예요. 그런 아이가 초등학생이나 중학생 정도가 되면, 대부분의 경우 아직 확실한 '나'라는 것을 갖지 않았기 때문에 동성 친구를 흉내 내며 살아가게 됩니다. 친구는 어떤 것을 좋아할까, 어떤 것을 즐거워할까, 어떻게 생활하고 있을까 등을 관찰하고 흉내 내면서 배워 가는 거예요.

물론 다소의 차이는 있지만 이것은 모든 어린이들이 하는 것으로 흉내 내는 것 자체가 이상한 것은 아닌데, 조현병 환자는 그런 측면이 훨씬 강하다고 할 수 있어요. 여자아이라면 항상 같은 친구하고만 어울리기도 해요. 예를 들어 두 명의 밀착관계에서 어느 만화를 살지, 어느 액세서리를 살지, 어느 과자를 살지 등을 전부 상대에게 맞추고 있었다는 이야기를 하는 환자도 있어요.

그때는 대부분 그렇게 지내지 않나요?

그렇기 때문에 주변으로부터 그다지 이상한 시선을 받지는 않아요. 그런데 중학생이나 고등학생이 되면 '자아가 정립되지 않았다'는 느낌을 스스로도 갖게 됩니다. 그리고 병이 두드러지기 직전에는 오히려 향상을 위한 커다란 도약을 하는 경우도 있어요. "내가 아직 획득할 수 없었던 '주체적인 나 자신'을 어떻게 획득할 것인가"라는 절실한 질문을 하게 되는 거지요. 공부를 엄청나게 열심히 한다거나 스포츠 등 완전히 새로운 것을 시작한다든지, 그때까지와는 달리 갑자기 사교적이 된다거나 책을 엄청나게 읽는다든지, 마치 사람이 달라진 것처럼 과하게 활동적이 되는 경우가 있습니다.

앞에서 말한 '미래의 선취'라는 조현병의 특징이 여기서 나타납니다. "나는 지금 열세 살인데 '올바른 나 자신'이라는 것이 없어"라는 것을 지나치게 의식하게 되지요. 보통은 "스무 살 정도가 되면 제대로 된 성인이 되어 있을 거야"라고 생각하며 지나칠 수 있는 것을, 어떻게든 지금 분발해서 스무 살의 자신을 선취해 당장 결과를 내려고 하는 겁니다.

'미래의 선취'는 강한 초조함을 발생시켜요. 즉, 일단 시작하자마자, 오히려 "그것을 하지 않으면 나 자신이 이 세상에 있을 수 없게 되는 듯한 느낌"이 되는 겁니다. 마치 자신이 세상에서 사라져 버릴 것 같은 느낌이 드는 거지요. 미리 과잉된 노력을 해야만 비로소 한 사람의 인간으로 존재할 수 있다는 초조함이 드는 거예요.

이렇게 되면 세상에 대해 자기 자신이 '이기느냐 지느냐'의 양자택일이 되어 더 이상 물러설 곳이 없는 느낌이 들고 극심한 불안에 빠지게 됩니다. '물러설 곳이 없다'는 표현은 말 그대로 '앞으로 나아갈 수밖에 없다'는 의미예요. 즉 '선취'가 불가능하면 모든 것이 끝나 버리는 느낌이 드는 겁니다.

앞으로 나가기만 하면 매우 힘들 것 같아요

이 시기는 증상이 드러나기보다는 행동이 변화하는 시기예요. 대부분의 경우 환각도 망상도 나타나지 않고 지리멸렬한 상태도 나타나지 않아. 그래서 아직 확실하게 조현병이라는 진단도 내릴 수 없지만, 그 후의 경과를 보면 발병을 준비하는 상태라는 것을 알 수 있어요.

실제로 그다음에 '발병 전구기'라는 시기가 오고 조금씩 몸의 증상(자율신경증상)이 나타나기 시작합니다. 예를 들면 갑자기 두통이 시작되거나 변비와 설사를 반복하고 가슴이 두근거리는 증상이 시작되었나 싶다가 갑자기 맥박이 느려지기도 해요. 이런 증상을 기저증상이라고 해요. 양극단 사이를 오가는 것이 특징적인데 그렇지 않은 경우도 있습니다.

이 시기에는 몸의 증상을 걱정해 내과나 소아과에 가는 경우가 있는데 대개 '자율신경실조증'이라는 말을 들어요. 아직 조현병이라는 진단이 내려지지 않는 경우가 많지요. 그러면서 소리, 맛, 냄새

등 여러 감각이 매우 민감해져요. 사소한 소리에 심하게 공포를 느끼거나 잡음에 신경을 씁니다. 작은 소리가 자신을 공격하는 듯이, 또는 침해하는 듯이 들리고, 맛도 지금까지 느끼던 미각과 다르게 느끼게 돼요.

여러 감각의 과민함이 나타나는데 그 과민함은 단순히 양적으로 강도가 세진다기보다 지금까지 느껴 본 적이 없는 질적인 무언가를 느끼게 되는 것이어서 환자는 매우 불안해집니다. 앞서 말한 초조함의 감각이 이렇게 되면 '궁지에 몰리는' 듯한 느낌으로 돼요. 이쯤 되면 대개의 경우 불면증이 시작되어 밤에 잠을 잘 수 없는 경우도 많아져요. 민감해지기 때문에 여러 일들이 신경 쓰여 잠을 잘 수 없는 거지요. 이때 거의 동시에 일어나는 것이 '머릿속이 소란스러워지는' 겁니다.

머릿속이 소란스럽다구요?

네, 환자들에게 "머릿속이 소란스러운 느낌입니까?"라든지 "머릿속이 분주해요?"라고 물으면 바로 그 느낌이라고 대답해요. 평소에 편안하게 있을 때 머릿속에서는 여러 생각이 불쑥불쑥 떠오르지요. 수업 중에도 "수업 언제 끝나지?", "오늘 급식 메뉴는 뭐지?", "빨리 집에 가서 게임해야지" 등의 관계없는 것들이 불쑥불쑥 떠오릅니다. 그래도 이것들은 모두 본인이 '생각하고 있다'는 느낌이 있어서 떠오르는 것들로 혼란스러운 경우는 그다지 없지요. 그런데 그런 생각으로 혼란스러워지는 겁니다.

왜 혼란스러워지냐면 우선 머릿속에서 불쑥불쑥 떠오르는 생각의 양이 늘어납니다. 게다가 전혀 관계없을 것 같은 일까지 떠오르게 되고요. 예를 들면 수업 중에 급식이나 게임 등의 일상적인 생각이 떠오르는 것은 분명히 수업과는 관계가 없지만 자신에게는 충분히 관심이 있는 일들입니다. 그렇지만 전혀 관계없는 생각, 예를 들어 아무런 맥락도 없이 '도쿄타워'가 떠오른다든지 '우크라이나'라는 단어가 떠오르는 일은 거의 없지요. 그런 관계없는 것들이 계속해서 떠오르고 거기에 일일이 신경을 빼앗겨 눈앞의 일에 집중할 수 없게 되는 겁니다.

그렇게 되면 수업을 듣고 있어도 선생님이 무슨 이야기를 하는지 모르게 됩니다. 그전까지는 수업과 관계없는 것을 생각하면서도 부분 부분 집중해서 수업을 들었지만, 머릿속에 떠오르는 생각으로 혼란스러워지면 선생님이 무슨 이야기를 하는지 전혀 알 수 없게 되고, 친구가 무슨 이야기를 해도 그 내용과는 관계없는 여러 가지 것들이 머릿속에 떠올라서 친구의 이야기를 이해할 수 없게 됩니다.

쭉 그런 상태인가요?

그렇지요. 이 시기에는 수업도 이해하기 힘들어서 성적표를 보면 분명히 그 시기에 성적이 떨어져 있는 경우가 많아요. 가족들도 그 시기를 돌이켜 보고 "그때는 무슨 말을 해도 건성으로 듣고 엉뚱한 행동을 하고 아무튼 이상했어"라고 말하기도 합니다.

'머릿속이 소란스럽다'는 상태는 전문용어로는 '자생사고(自生思考)'라고 해요. 자신이 생각하려고 하지 않은 생각이 멋대로 떠오르는 것입니다. 또 떠오른 생각이 '내가 생각하고 있는 것이 아닌 듯한 느낌'이 드는 것이 자생사고의 큰 특징이에요.

'칵테일파티 효과'라는 말이 있어요. 파티에서는 여러 사람의 말소리나 발소리, 그릇소리 등 다양한 잡음이 있지만 지금 자신이 이야기하고 있는 상대의 소리만이 뚜렷이 들리는 현상을 말해요. 이 '칵테일파티 효과'가 작동하지 않아 여느 때라면 신경 쓰이지 않을 잡음도 제거되지 않고 그대로 전부 머리에 들어오는 듯한 느낌이 드는 것이 이 시기예요.

감각이 예민해지는 것도 스트레스겠어요

네, 길을 걸으며 보통 때라면 신경 쓰지 않던 표식이나 간판, 간판의 녹슨 부분 같은 것에 신경이 쓰이게 되지요. 그리고 점점 눈에 띄는 것이 의미심장하게 보이기 시작해요. 지금까지는 아무렇지 않았는데, 이때부터 여러 가지 것들이 두드러지고 그것이 전부 '나 자신에게 박히는' 듯한 느낌이 드는 겁니다. 평소에는 통학로를 걸을 때 언제나 같은 경치이고 아무런 변화가 없다고 느꼈지만, 이 상태가 되면 모든 것에 위화감이 들고 오히려 '변화투성이'라는 느낌이 들어요.

이러한 '변화투성이' 세계는 긴장감으로 얼어붙은 것처럼 느껴져요. 비유적으로 말하면 "언제 이 세상이 붕괴되어 그 속을 들여다보게 될지 모른다"는 느낌이 들기도 하고, "지금 내가 살고 있는 세상이 순식간에 무너지는 것은 아닌지", 혹은 "완전히 다른, 완전히 새로운 세상으로 갑자기 뒤집어지는 것은 아닌지"라는 감각이 생기는 겁니다.

망상에 빠지는 거네요

보통은 내가 살고 있는 세상은 절대로 붕괴되지 않는다고 생각하지요. 그렇기 때문에 대부분의 사람들은 안심하고 이 세상에서 살수 있는 거지요. 자신이 사는 세상이 다음 순간에 파괴될지 모른다거나 화성이 될 수도 있다는 등의 생각을 하지 않기 때문에 안심하고 살 수 있는 겁니다. 그런데 그것이 붕괴될 것 같은 체험을 하는 것을 '망상 기분'이라고 해요.

이어서 주변의 다양한 것들이 나를 향한 메시지처럼 느껴지게 됩니다. 그때까지는 몰랐던 사소한 변화가 자신에게 중대한 메시지가 아닌가 하는 느낌이 드는 거지요. 정확히 말하면 '나에게만' 중대한 메시지라는 감각이에요. 세상과 오로지 혼자서 대치하고 있다는 느낌이지요. 이것은 매우 무섭습니다. 더구나 내가 대치하고 있는 세상은 당장에라도 모든 것이 붕괴되어 소멸하거나, 아니면 완전히 새로운 다른 세상으로 확 변해 버리는 엄청난 긴박감이 있는 세상입니다.

도저히 평범하게 생활할 수 없을 것 같아요

마지막은 극도로 불안정한 상태에서 '갑자기 번뜩이듯이 뭔가를 이해하게 되는' 체험을 하게 돼요. 예를 들면 거리를 걷다가 개를 보았다고 해요. 그 개가 뭔가 '조금 이상하고' 뭔가 '눈에 띄는' 느낌이 듭니다. 다가가서 보니 그 개가 '손'을 움직이는 것 같은 동작을 해요. 망상 기분 상태에 있는 사람은 그 개의 동작을 보고 "이것은 나를 향한 하늘의 계시다!"는 등의 확신을 하는 겁니다.

그때까지는 자신만을 향한 의미가 있는 것 같은데 어떤 의미인지는 잘 몰라요. 뭔가 깊은 의미인 것 같은데 그 의미가 허공에 둥 둥 떠 있는 듯한 답답한 상태예요. 그러나 이 단계에서는 순간적으로 명쾌하게 "알겠다!"는 확신이 드는 겁니다. 이러한 체험을 '망상 지각知覺'이라고 불러요.

이런 일이 발생하는 것은 앞서 말한 유소년기부터 사춘기에 걸쳐서 '분명한 자기 형성이 없는 것'과 관계가 있어요. 처음부터 안심하고 세상 속에서 살 수 있는 자신 안의 베이스캠프가 없었기 때문에 사춘기 무렵에는 자기 자신이 사라져 버린 것 같은 생각을 하게 됩니다. 나 자신이 사라지는 것은 세상도 사라져 버린다는 의미이지요.

그런 가운데 '알았다!' 하는 확신을 처음으로 얻을 수 있는 것이 망상 지각입니다. 즉, 망상 지각은 세상이 해체되어 가는 위기의 마지막에 다다른, 단 하나의 실마리인 것이지요. **망상 지각은 조현병의 발병이 명확해지는 증상이기 때문에 어떤 의미에서는 병이 진행되고 있다고 말할 수 있지만, 다른 의미에서는 회복의 첫걸음이기도 해요.** 실제로 조현병에는 몇 가지 종류가 있어서 이런 유형의 망상 지각이 일어나는 것을 '망상형'이라고 하는데, '망상형'은 다른 종류의 조현병보다 예후가 좋아 회복하기 쉽습니다.

—— 마음은 왜 아플까?

망상 지각이 회복의 첫걸음이네요

반대로 이런 타입의 망상 지각이 발생하지 않는 종류의 조현병은 계속 세상이 해체되어 가는 방향으로 가기 쉬워서, 환청은 물론 본인의 사고나 감각도 본인의 것이 아니게 되어 갑니다. 그러는 가운데 손을 움직이거나 말을 하는 것도 본인의 의지로 하고 있는지 알수 없게 돼요. 스스로 무언가를 해도 "누군가에게 당했다", "조종당하고 있다"는 느낌이 드는 거지요. 이것을 '작위체험'이라고 해요.

철학에서는 인간의 마음의 기능을 '지知·정情·의意' 셋으로 나눠요. '지'는 생각하는 것, '정'은 감정, '의'는 의지입니다. 보통은 이 세가지 기능은 모두 나 자신의 것이지만, 이것이 급격히 모두 타인에게 점령당하는 느낌이 드는 조현병을 '해체형(파괴형)'이라고 불러요. 조현병 증상의 하나로 '감정둔마'라는 것이 있는데, 여러 일에 대해 자연스러운 감정이 전혀 일어나지 않는 한편, 갑자기 묘한 감정이 일어 느닷없이 웃거나 화를 내는 증상을 말해요. 감정도 해체되어 버리는 거지요.

다만, '해체형' 환자는 최근에는 거의 보이지 않아요. 예전에는 완전히 건강하고 평범한 14세 학생이 불과 1개월 사이에 지·정·의가 모두 해체되어 종잡을 수 없는 말을 하거나 계속 혼잣말을 하는 상태가 되는 경우가 있었어요. 지금은 조현병이라는 병 자체가 점점 경증화해서 최근의 진단 기준으로는 조현병을 '망상형', '해체형' 등으로 구분하지 않습니다.

'해체형'은 세상이 붕괴될 때 발 디딜 곳을 찾지 못해 계속 지리멸 렬해지는 느낌이지만, '망상형'은 망상 지각을 발판으로 삼아 어떻 게든 회복의 실마리를 만들 수 있게 됩니다. 오히려 인생에서 그런 발판이 처음 생겼다고 말할 수도 있지요.

현재를 대신하는 무언가가 생긴다는 거죠?

네, '망상 지각' 역시 하나의 '미래의 선취'라는 것을 알 수 있어요. 내가 사는 세상의 모든 것이 붕괴될 것 같을 때, 순간적으로 무언가 에 머리가 번뜩여서 그것을 발판으로 하면 모든 것이 완전히 정리 되어 안심하고 지낼 수 있게 될 거라고 생각하기 때문이에요. 붕괴 되기 시작한 현재를 대신해 회복된 미래를 선취하려는 것이지요.

'망상 지각'은 '세상의 진실을 알았다'와 비슷한 종류의 번뜩임으 로 '세상일에는 이면이 있다는 것을 안다'는 감각과 비슷해요. 세상 에서 일어나는 여러 이상한 일, 그것을 전부 지배하고 있는 보이지 않는 조종자가 어딘가에 있다는 것을 안다는 체험을 말해요. '망상 지각'을 하게 되면 세상의 여러 일들이 각각의 환자에게 독자적인 방식으로 정리되어 가요. 예를 들면 "이웃 사람이 어제까지 대 빗자

루로 청소를 했는데 오늘은 플라스틱 빗자루로 쓸고 있네. 여기에는 다 의미가 있어서 보이지 않는 조종자가 그렇게 시키고 있는 거야"라는 식으로 모든 일들을 그 '공식'에 의해 해석하게 돼요.

조현병을 단순히 병으로 보면 망상은 증상이기 때문에 가능한 빨리 제거하는 것이 좋다는 결론에 이릅니다. 그러나 본인에게는 망상은 회복 과정이에요. 바꿔 말하면 망상이 없어지면 '해체형'처럼 마음이 해체되어 버려요. 그렇기 때문에 망상은 언제라도 완전하게 제거하면 되는 것은 아닙니다.

'망상 지각'은 스스로 해석하고 있다는 감각을 느끼게 하는 동시에 '망상 지각' 자체가 해석을 작동시키는 힘을 가지고 있어요. '프랙탈 도형' 같은 이미지이지요. 하나의 기본적인 패턴에 그 패턴을 여러 차례 적응시켜 가는 도형을 말하는데, 같은 패턴이 반복됨으로써 더욱 복잡하고 치밀해집니다.

조현병 환자가 어렸을 때 주변에 맞추는 것은 왜 그런가요?

앞에서 간주관성은 아무 노력 없이도 타인과 공간을 공유함으로써 무언가가 전해지는 것을 말한다고 했지요? 즉, 타인과 함께 있어도 안심하고 있을 수 있어요. 조현병 환자가 '주변에 맞춘다'는 것은 간주관성과 완전히 반대의 상황이에요. 조현병 환자는 간주관성이 작동하지 않아 적절하고 좋은 공간에서 사람들 사이에 있는 것이 불가능해요. 늘 분위기에 맞추지 못하고 튀기 때문에 먼저 선수를 쳐서 '남에게 맞추는' 행위를 하는 겁니다.

그래서 자연스럽게 있지 못하고 여유가 없는 느낌이 드는 거예요. 배를 항구에 로프로 묶어 정박시키면 배 위에서 낮잠을 잘 수 있는 여유가 당연히 생기겠지요. 그러나 항구에 묶여 있지 않으면 그런 여유는 갖기 어렵겠지요.

조현병은 유전이에요, 환경이에요?

예전에는 '이런 타입의 어머니의 자녀가 조현병에 걸린다'고 했는데 지금은 그렇게 말하지 않아요. 부모의 양육 방식의 문제가 아닌 겁니다. 조현병의 평생 유병률(일생에 한번은 그 병에 걸리는 사람의 비율)은 대부분의 국가에서 100명 중 0.7명 정도, 즉 1% 미만이에요. 한 학년에 300명 정도 있다고 하면 한 학년에서 2명 내외입니다. 세계 어느 나라, 어느 문화권에서도 대개 같다고 알려져 있어요.

또 조현병은 유전의 영향이 완전히 없는 것은 아니지만 '이 유전자가 있으면 조현병에 걸린다'는 그런 단순한 유전도 아니에요. 환경의 영향으로 조현병에 걸린다고도 할 수 없고요. 유전과 환경, 심리적 문제가 각각 조금씩 영향을 주어 발생하지만 그중에 어느 것이 결정적인 요인이라고 단정하기는 어렵습니다.

더욱이 조현병은 예방이 어려워요. 그렇지만 '망상 기분'이나 '망상 지각'이 일어나기 전에 자율신경 실조 증상이 나타나거나, 성적이 갑자기 많이 떨어질 때(혹은 그전) 적절한 지원을 받으면 명확한 발병을 막을 수 있고, 또 발병했다 하더라도 증상을 가볍게 할 수는 있다고 알려져 있어요.

정신과 전문의인 나카이 히사오(1934~)는 조현병은 인간이 진화해 가는 데 필요했기 때문에 자연도태도 견뎌 지금까지 남아 있는 것이라고 말했어요. 나카이 선생은 농경민족과 수렵민족의 차이를 들어 설명했어요.

농경민족은 논밭을 관리하고 거기서 정기적인 수입을 얻어 재산을 지키고 확대해 갑니다. 과거가 중요한 조울증이나 우울증은 이런 유형의 사람들과 닮은 부분이 있는 병이라는 거지요. 한편 수렵민족은 그날 사냥을 통해 식량을 얻을 수 있을지가 큰 문제였어요. 그래서 숲이나 들에 나가서는 사슴이 잎사귀를 밟는 '부스럭' 하는 소리 같은 미세한 징후에 매우 민감해져서 선수를 치듯이 화살을 쏘아야 합니다. 사냥감이 움직인 뒤에 반응하면 늦기 때문에 늘 한 발 앞서야 할 필요가 있는 거지요. 그래서 수렵민족은 조현병 환자들의 상태와 매우 흡사한 부분이 있어요. 이런 사람들이 있는 것이 인류 발전에 도움이 되었고, 진화론적으로도 그런 '미래의 선취'를 지향하는 사람들의 유전자가 남아 있는 것이라고 나카이 선생은 말합니다.

치료는 어떻게 해요?

입원이 필요한 경우도 있지만 최근에는 외래만으로 진료하는 경우도 많아요. 치료에서 자주 사용되는 것은 '항정신병 약'이에요. '향정신 약'이라는 비슷한 용어가 있는데 '향정신 약'은 인간의 마음에 작용하는 약 전반을 가리키는 용어로 그 '향정신 약' 안에 '항정신병 약', '항우울증 약', '기분 안정제', '항불안 약' 등 여러 가지 약이 있어요. '항정신병 약'이라는 것은 기본적으로는 조현병을 치료하는 약이에요.

아주 간단히 말하면 과열 상태가 된 뇌를 쉬게 하여 머릿속의 '시끄러움', '소란스러운' 상태를 줄이는 약입니다. 여러 소음에 계속 노출되면 뇌가 전속력으로 사용되어 뜨거워져요. 약으로 뇌의 활동을 억제함으로써 식히는 것이지요. 그렇게 되면 여러 생각이 떠올라서 소란스러웠던 머릿속이 정리되며 점점 자기 본래의 생각이나 의지가 보이기 시작합니다.

'머릿속이 소란스러운' 상태는 뇌 내 유전물질의 하나인 '도파민'이 과잉된 상태예요. 항정신병 약은 도파민을 억제하는 것이 주된

작용이에요. 다만 도파민을 억제하면 마음의 기능이 전반적으로 떨어지고, 그 부작용으로 불면증이나 멍한 상태가 되기도 합니다. 많은 양을 먹는다고 병이 낫는 건 아니고 오히려 복용량은 최소한 으로 해야 해요. 항정신병 약이 다량으로 투여되면 부작용으로 파 킨슨병 같은 증상이 나타나는 경우도 있어요. 파킨슨병은 뇌에서 도파민이 부족해서 발생하는 병으로, 손이나 몸의 근육의 움직임 이 경직되거나 팔다리가 떨리기도 합니다.

또 얼굴 근육을 원활히 움직일 수 없어 침을 흘리는 부작용이 있 고, 그런 부작용이 계속되면 아무것도 하지 않았는데 다리가 맘대 로 움직이는 증상이 나타나는 경우도 있어요. 또 왠지 마음이 들뜨 거나 다리가 근질근질해 가만히 앉아 있을 수 없는 증상이 생기기 도 합니다.

최근에는 새로운 약이 개발되고 부작용이 비교적 적은 약도 많 이 나와서 예전처럼 부작용으로 고통받지 않고 치료할 수 있게 되 었어요. 조현병의 약물치료는 대부분의 경우 필요합니다. 상담만 으로 나았다는 보고도 없지는 않지만 약 복용을 병행하는 것이 나 을 확률이 높고 회복기간도 짧아져요. 다만 약을 다량 복용하면 부 작용도 늘고 자발성을 저하시키는 위험이 있어요.

정신과 진료를 받기 시작하면 약물 치료만이 아니라 망상을 정 확히 들어 주는 공간이 생기는 점도 중요해요. 진료실에서 상담을 진행하면서 약이 효과를 보이면 점점 머릿속의 소음이 줄어듭니다. 그렇게 되면 어느 것이 환자 본인의 생각이고 어느 것이 본인의 의지인지가 확실해져요.

망상을 없애지 않아도 된다는 게 여전히 혼란스러워요

망상은 완전하게 사라지게 한다기보다 기세를 약화시킨 다음 그것과 어떻게 타협하는지가 중요해요. 약을 먹고 환자의 망상을 제대로 들어 줄 장소를 병원으로 정하고, "이런 식으로도 생각할 수 있지 않아?", "이런 경우도 있지 않을까?"라는 식의 조언을 계속 받아 가면 점점 사회와 조화를 이루어 가게 됩니다. 안전한 환경에서 타인에게 나 자신에 관한 것을 이야기하는 것이 가장 중요해요.

주의해야 하는 것은, '정상적인 다수자(머저리티)'가 되는 것을 회복의 목표로 하지 않아야 한다는 점이에요. 조현병 환자의 본래 고민은 '단단한 나 자신이 없다'는 거였죠? 그래서 굳게 결심하고 어떻게든 해 보려고 했지만 좌절한 것이 조현병이었어요. 그렇기 때문에 그런 사람을 정상인으로 되돌리려는 것은 오히려 재발의 위험성을 높일 수 있어요.

또 다수에게 맞추려고 하기 때문이지요?

그렇습니다. '다수자(머저리티)'가 아니라 '소수자(마이너리티)'로서 살아가는 것을 지원하는 일이 가장 중요해요. **시간은 걸리지만 '소수자'로서 세상과 타협하고 다시 한 번 세상에서 살 수 있도록 해야 합니다.** 나카이 선생은 그것을 '세상 가운데 깃들어 사는 환자'라고 표현했어요.

조현병에 걸린 사람들은 원래 세상 속에서 자연스럽게 살 수 없는, 항구에 정박할 수 없는 불안정한 상태로 살고 있어요. 망상 속에서 가까스로 세상과의 연결고리를 붙들고 있기 때문에 그것을 제거하는 것이 아니라 오히려 망상의 독을 약화시켜서 항구에 정박할 수 있도록 하는 것이 중요합니다. 항구에 연결하는 로프도 '다수자'와 같은 로프는 안 돼요. 어느 정도 망상도 섞여 있는 방법으로 세상과 연결되어 거기서 독자적으로 살 수 있게 되는 것이 조현병에 걸린 사람들의 사회 복귀 방법이라고 저는 생각합니다.

자신의 방식으로 산다고요?

몸에 병이 걸리면 병에 걸리기 전의 상태로 되돌리고 싶지요. 암에 걸렸다면 암에 걸리기 전으로 돌아가고 싶어 하는 것이 보통입니다. 그러나 마음의 병은 발병 전과는 다른 삶의 방식이 가능하도록 하는 것이 치료 목표가 되어야 해요.

그런 식으로 사회 복귀가 가능해지기까지는 사람에 따라 다르지만 조현병의 경우는 짧아도 1년, 사람에 따라서는 몇 년 걸리는 경우도 있어요. 그러는 동안 어떤 식으로 타협해 가는지 시행착오를 겪으며 지켜보는 것이 치료자의 역할입니다.

그 시행착오는 꼭 입원을 통해 해야 하는 것은 아니에요. 사회생활을 하면서도 할 수 있습니다. 학생 때 발병한 사람은 학교에 다니면서, 회사에 근무하는 사람은 회사에 다니면서 시행착오를 겪을 수 있어요. 지금까지의 생활 방식은 자신에게 무리이니 조금 변화를 주며 잘 맞춰 가는 것을 목표로 합니다. 그것이 가능하게 되었을 때, 그것을 '회복'이라고 부르는 겁니다.

원래 '회복'은 한 번에 실현되는 것이 아니고 도중에 재발이 되기도 해요. 여러 번 실패할 수도 있고요. 그렇지만 병이 없어도 모든 인간은 수없이 실패하기 때문에 그 점은 다른 사람과 다르지 않아요. 여러 방식으로 시행착오를 겪으며 서서히 자기 나름의 방식으로 세상에서 살 수 있게 되는 겁니다. 따라서 조현병에 걸린 사람은 아무것도 할 수 없다고 생각하지 마세요.

입원이 필요한 경우도 있나요?

스스로를 상처 내거나 자살 위험이 있다면, 혹은 다른 사람을 위험에 빠트린다면 강제적인 입원이 필요한 경우도 있어요. 물론 그런 경우라도 본인이 납득해서 입원할 수 있다면 그것이 최상입니다. 그 밖에 환청이나 망상이 매우 심한 경우 등은 입원하는 편이 좋을 수 있고요.

증상이 심할 때는 가족과 충돌하는 경우도 있지만 폭력은 어떤 경우에도 있어서는 안 됩니다. 환자가 가족에게 불신감을 갖는 경우도 있는데, 그런 상황을 가능한 한 적게 하는 것은 매우 중요합니다. 병이 좋아진 후를 생각해서 미리 가족과의 관계가 원만해지도록 조정하는 것은 보다 좋은 회복을 위한 조건입니다.

조현병이 급격하게 진행될 때는 심한 자해나 자살도 있을 수 있어요. 손목을 긋는 정도가 아니라 본인의 팔을 잘라 버리는 환자도 있습니다. 몸의 감각이 매우 혼란스러워져서 그것을 어떻게든 해결해 보려고 그런 행동을 하는 겁니다.

가족만으로는 대응할 수 없겠어요

상태가 가장 나쁠 때 의료진이나 외부의 도움 없이 가족만이 환자를 돌보면 가족에게 트라우마가 생길 수가 있어요. "저런 심한 상태가 되면 더 이상 집에서 돌볼 수 없어"라고 생각하게 되지요. 이런 체험을 하면 가족들은 환자에게 공포심을 갖게 되고 "퇴원해도 집에서 돌볼 수 없어요. 계속 입원시켜 주세요"라고 말하는 경우가 있어요. 환자가 퇴원 후에 살 곳이 없다는 이유로 입원을 계속해야 하는 겁니다. 이런 입원을 '사회적 입원'이라고 해요.

증상이 심할 때는 환자 본인은 '머리가 뜨거워진' 상태입니다. 그래서 환자가 이해할 수 있도록 "지금은 당신에게 정말 힘든 상태예요. 그러니 잠시 머리를 쉴 수 있도록 입원합시다. 만일 퇴원하고 싶다면 꼭 함께 의논해요"라고 설명하는 것이 좋아요. 증상이 심한 시기, 대개 3개월 정도를 병원에서 치료하며 지내면 퇴원해서도 가족들이 받아들이기 쉽습니다.

치료에서 잊어서는 안 되는 것은 '어떤 심한 환청이나 망상이 있어도 환자 본인에게는 정상적으로 수행할 수 있는 부분이 있다'는 것을 항상 의식하는 겁니다. 지금은 폭풍 같은 소음이 덮쳐서 이런 상태가 된 것일 뿐이라고 생각합니다. 소음을 억제하게 되면 '환자 본인의 모습'이 나타날 것이라고 믿어야 해요. 댐의 물을 뽑아 내면 옛날에 있던 집이 보이게 되는 것처럼.

이런 식으로 생각하면 조현병 환자를 한 사람의 인간으로 존중할 수 있게 됩니다. 아무리 엉망진창으로 보여도 환자에게는 어딘가에 반드시 건강한 부분이 남아 있어요. 그 부분에서만큼은 정상적인 한 사람의 주체가 되고 싶어서 엄청나게 노력하고 있는 거지요.

아무것도 하고 싶지 않다 – 우울증
뭐든 할 수 있을 것 같다 – 조울증

우울증과 조울증은 어떻게 달라요?

조현병은 '미래를 선취한다'고 했는데 조울증이나 우울증은 반대로 '과거가 중요한' 병이에요. 예를 들어 기운이나 기력이 없어진 우울 상태일 때에는 과거를 곱씹으며 "그때 이런 일을 했어", "이젠 되돌릴 수 없어"라는 생각을 하며 "앞이 깜깜하다", "꿈도 희망도 없어"라는 식으로 미래가 없어져 버려요. 반대로 기운이 넘쳐서 뭐든 할 수 있을 것 같은 조증이 되면 "어떻게든 과거의 잘못을 되돌리고 싶다"는 기분이 돼요. 얼핏 보면 미래를 향하고 있는 것 같지만 실은 '되돌릴 수 없는 일이 되었기 때문에 그 과거를 되돌리고 싶은 것'이어서 과거를 향하고 있는 거예요.

최근에는 조울증이라는 말보다 양극성장애라는 말이 사용되는데 마음의 병에 대해 잘 모르는 사람들은 아직 조울증이라는 이름이 익숙할 거예요. 다만 조현병과 마찬가지로 현대의 양극성장애는 이전의 조울증보다, 치료 방법의 발달로 훨씬 낫기 쉬워졌다고 말할 수 있어요.

참고로 조증에는 조증과 경조증이 있어서 조증은 입원이 필요한 상태이고, 증상이 약한 경조증은 입원이 필요하지 않은 상태예요. 잘 떠들고 매우 열심히 일을 하는 사람들 중에는 경조증인 사람도 포함되어 있어요. 조증이 발생하는 조울증을 '1형 양극성장애', 조증을 보이지 않고 경조증과 우울증만 보이는 조울증을 '2형 양극성장애'로 구분해요.

조울증의 특징은 주기성이 있는 것으로 우울증도 조증도 주기적으로 반복됩니다. 한 번의 주기는 짧게는 1~3개월, 길게는 1~2년 정도예요. 최근에는 급속 순환형 양극성장애라고 하여 매우 빠른 주기로 우울증과 조증을 반복하기도 해요. 대부분의 환자는 조증으로 시작해서 우울증으로 가고, 그 후에 비교적 안정된 시기가 찾아옵니다. 그러나 안정된 시기가 와도 다시 조증이 나타나고 우울증으로 바뀌는 것이 반복되는데, 이것을 재발이라고 해요.

조증과 우울증이 끝난 후의 안정기가 길게 이어지기도 해요. 실은 조울증 치료는 이 안정적인 시기를 연장하는 것, 즉 재발하지 않 도록 하는 것을 목표로 합니다. 안정된 시기를 관해기라고 해요. '관해'란 일시적으로 좋아지는 것인데, 이 시기에는 대부분의 증상 이 없는 것이 조울증의 특징이에요.

조울증과 우울증 두 가지나 있어서 복잡해요

정신의학 진단 체계를 만든 에밀 크레펠린(1856~1926)은 조울증 과 우울증은 같은 병이라고 생각했어요. 조울증은 조증 상태와 우 울 상태 두 가지가 반복해 나타나는데, 우울증은 우울 상태만 나타 나는 조울증이라고 생각한 거지요.

오늘날에도 조울증과 우울증에 대한 여러 의견이 있어요.

하나는, 이 두 가지 마음의 병을 무지개에 비유한다면 양쪽 끝단 에 위치한다고 생각하는 입장이에요. 이것을 '양극 스펙트럼'이라고 하는데, 무지개 색처럼 마음의 변화가 연속되는 것을 가리킵니다.

다른 하나는 조울증과 우울증은 다른 병이라고 보는 입장이에 요. 두 가지 병을 다르게 보는 가장 큰 이유는 조울증은 유전자의 영향이 크기 때문이에요. 부모가 조울증이면 자녀가 조울증에 걸 리는 확률이 10~20% 정도라고 알려져 있어요. 참고로 전체 인구 에서 조울증의 생애 유병률은 1% 정도이기 때문에, 부모의 유전자

	조울증	우울증
발병 시기	10대 후반~20대	20대 중반~3, 40대
유전 영향	유전 요소 큰 편	유전 요소 많지 않음
증상	조증과 우울증이 주기적으로 반복됨. 조증일 때는 말이 많아지고 기분은 밝지만 화를 내기도 함. 우울증일 때의 증상은 우울증과 비슷.	불면증, 식욕부진, 의욕저하, 몸의 통증, 망상 등

에 의해 10배 정도 조울증에 걸리기 쉽다는 계산이 나옵니다.

조울증과 관련된 유전자는 많이 발견되었는데, 어느 유전자가 어떻게 작용하는지는 명확하지 않아요. 그러나 유전자가 같은 일란성 쌍둥이의 조울증 진단 일치율이 50% 정도이므로, 유전자 측면에서 보면 다른 마음의 병과 비교해 유전 요소가 큰 것 같아요. 반대로 우울증 부모에게서 태어난 자녀에게 우울증이 많다는 데이터는 많지 않고, 일란성 쌍둥이에서 우울증 진단이 일치하는 경우도 거의 없어요. 그래서 조울증과 우울증은 다른 병이 아닌가라고 생각하는 사람도 많습니다.

조울증과 우울증이 크게 다른 지점은 발병 나이에도 있어요. 조울증은 10대 후반부터 20대 전반에 발병하지만, 우울증은 25살 정도부터 3~40대, 혹은 더 고령자에게도 발병합니다.

뒤에서 설명하겠지만 고전적으로 우울증이라고 불리는 것과 오늘날의 우울증은 조금 달라요. 제2차 세계대전 후부터 우울증이라는 개념이 확대되어 고전적인 우울증이 아닌 것도 우울증으로 부르게 되었어요. 요즘의 우울증은 흔한 마음의 병이 되었는데, 그것은 병에 걸린 사람이 증가했을 뿐 아니라, 지금까지 우울증이라고 부르지 않던 것도 우울증으로 부르게 되었기 때문이에요.

현재 우울증의 생애 유병률은 여러 데이터가 있는데 1990년대 이후는 적어도 10% 이상이라고 볼 수 있습니다. 저는 20% 정도 될 거라고 추측해요. 그런데 1980년대에는 5%였고, 그 전에는 더 적었습니다. 전 세계적으로 비슷한 경향을 보이고요.

왜 그렇게 되었나요?

일부에서는 제약회사가 항우울증 약을 많이 팔기 위해 우울증 캠페인을 벌였기 때문이라고 말해요. 저도 그 영향은 어느 정도 있다고 생각합니다.

2000년대 초에 '우울감은 마음의 감기입니다'라는 텔레비전 광고가 있었어요. 그때까지는 정신과에서 진료를 받는 일이 다소 문턱이 높았지만, '마음의 감기'라는 문구로 정신과 진료를 그다지 저항 없이 받을 수 있게 되었지요. 좋은 일이기는 하지만 이런 것도 우울증 숫자가 증가된 하나의 요인이라고 생각해요.

고전적인 우울증은 뭐가 달라요?

우울증 환자는 어렸을 때부터 성실하고 꼼꼼하고 규칙을 잘 지키는 규범의식이 강한 경향이 있어요. 가정이나 직장에서도 다른 사람을 잘 대하고 남을 배려해요. 이렇게 말하면 매우 좋은 느낌으로 들릴 수도 있겠지만 지나치게 꼼꼼하거나 타인에게 잘하는 것도 과잉될 경우가 있어요.

이런 사람은 안정된 질서를 좋아해서 "이렇게 정해졌으니 이렇게 한다"는 것을 열심히 유지하려는 경향이 있지요. 그렇게 규칙이나 질서를 계속 쌓아 가기 때문에 "나는 이만큼 했다"는 자신의 과거에 대한 생각을 강하게 가지게 돼요. **성실함은 분명히 좋은 것이지만 어딘가에 느슨함이 없으면 스스로를 옭아매게 됩니다.** 스스로 만든 규칙이나 질서에서 벗어나지 못하게 되는 것으로 '자승자박' 상태라고 해요.

예를 들어 생긴 지 얼마 안 되는 회사를 상상해 보면, 업무에 사용할 물건을 어디에 둘지, 서류의 서식 등 정해지지 않은 것이 많이 있겠지요. 매우 성실한 사람은 그런 상황을 정리해서 규칙을 만들어요. 성실한 학급 임원 같다고 할까요. 그런 규칙 하나하나에는 나름의 이유가 있고 틀린 건 아니지만, 규칙을 계속 쌓아 가면 점점 갑갑해집니다.

자승자박 상태도 그와 같아요. 하나하나의 규칙은 옳지만 그것이 쌓여 가다 보면 점점 자기 자신이 힘들어져요. 힘들어지면 때때로 규칙에서 벗어나는 일이 생깁니다. 그러면 그것을 예방하기 위해 또 다른 규칙이 생겨나고, 더 힘들어져서 또 규칙에서 이탈하는 일이 생기고 계속 악순환이 반복되지요. 이렇듯 규칙이 지배하는 공간 속에 얽히게 되는 겁니다.

공간이요?

직장의 벽 이곳저곳에 촘촘한 규칙이 잔뜩 붙어 있는 공간을 상상해 보세요.

또 '우울증'에 걸린 사람은 공간만이 아니라 시간에도 얽매이게 됩니다. 우울증에 걸리기 쉬운 사람은 근본이 성실하기 때문에 "나는 오늘 이 정도 했기 때문에 내일은 분명히 더 할 수 있다"며 자신에 대해 늘 보다 높은 목표를 설정하는 경향이 있어요. "오늘은 100을 했으니까 내일은 101을 할 수 있다"는 마음은 충분히 옳고, "101을 했으니 102도 할 수 있겠지"라는 것도 맞아요. 그러나 이것이 매일매일 계속된다면 어느 시점에서 무리가 돼요. 결과적으로 자기 스스로에게 부과한 목표를 달성할 수 없게 되고 스스로 패자가 되어 뒤처지게 되지요. 이것이 시간에 얽매이는 '자책' 상태예요.

고전적인 우울증 환자는 자승자박과 자책이 한계에 이르러 스스로 쌓아 올린 질서가 붕괴하면서 발병합니다.

어떤 증상이 나타나요?

발병하면 잠을 잘 수 없게 되고(불면증) 기분이 가라앉고(우울) 식욕이 없어지고(식욕부진) 의욕이 없는(의욕저하) 증상이 나타나요. 또 몸의 통증도 나타납니다. 등, 허리, 머리의 통증이 나타나고, 가슴 부근의 압박감을 느끼는 사람도 있어요. '무게'라고 표현하는 사람도 있습니다. '우울하다'고 머리로 알기보다는 '압박감 속에 우울감이 있는' 느낌이라고 말하는 환자도 있어요.

우울증에 걸리면 시간이 느려지는 것처럼 느낍니다. 주위 사람들은 보통의 속도로 움직이거나 생각하는데 환자 본인만 느림보가 되어 움직임이나 생각을 천천히밖에 할 수 없다고 느껴요. 마치 수영을 하는데 나만 옷을 입고 수영하는 그런 이미지입니다. 본인의 시간만이 매우 느려서 뒤처지고 남들을 따라갈 수 없는 듯한 감각이 생겨요.

우울증에 걸리는 사람들에게 주위 사람들에게 맞추거나 최선을 다하는 것은 매우 중요해요. 그러나 발병하면 그것도 불가능해지고 "나는 아무것도 할 수 없게 되었다"는 느낌이 매우 강해져요. 자신감을 잃게 되어 본인이 과거부터 현재까지 계속 쌓아왔던 것을 상실하고 본인의 설 자리를 찾지 못하게 됩니다. 이것은 매우 고통스럽지요.

전부 부정당하는 것 같은 느낌인가요?

그렇지요. 시간이 느려지는 증상은 '제지'라고 해요. 이 '제지'가 중증화하면 시간이 더 느려지고 궁극적으로는 시간이 멈춥니다. 조금 과장된 표현인데, 마음을 사용하는 활동이 거의 불가능해져요. 예를 들면 의식은 분명하지만 침대 위에서 굳어져 있고, 아무 말도 할 수 없고 움직일 수 없는 상태가 됩니다. 이것을 '혼미'라고 해요. 이렇게 되면 새로운 '지금'이 전혀 오지 않는 상태가 됩니다.

인간이 체험하는 시간은 새로운 '지금'이 계속해서 나타나는 시간이에요. 아까의 '지금'은 다음 순간에는 과거가 됩니다. 반대로 다음의 '지금'이 다가온다는 것은 미래가 있다는 의미예요. 그러나 제지나 혼미 상태가 되면 '지금'이 그대로 '지금'으로 멈춰 버려 다음의 '지금'이 다가오지 않습니다. 그것은 미래가 다가오지 않게 되는 것을 의미해요. 그래서 우울증 환자는 스스로 "절대로 낫지 않는 병에 걸리고 말았다", "이미 아무것도 할 수가 없다"며 미래가 없음을 비관하는 거예요.

또 '지금'이 '지금'인 채로 멈춰 서 미래가 없어지면 상대적으로 과거의 비중이 높아집니다. 본인의 눈이 과거를 향하게 되는 거지요. 그런데 자신감을 갖기 위한 근거였던 과거는 이미 망가졌기 때문에, 자신이 과거에 했던 사소한 나쁜 일이 새삼스럽게 두드러지게 돼요. 예를 들면 누구라도 했을 법한 사소한 나쁜 일, 벌레를 죽였다든지, 물건을 부쉈다든지 하는 일들이 매우 무겁게 짓누르는 겁니다. 인간은 누구나 나쁜 일을 하는데 "나는 세상에서 가장 죄가 많은 사람이다"라는 생각이 들어요. 더 나아가 "나같이 나쁜 사람은 신에게 벌을 받을 거야"라는 등의 생각에 빠지게 되는 것을 '죄업 망상'이라고 해요.

다른 유형의 망상이 일어나는 일도 있어요. 예를 들면 "온몸이 암투성이다"라고 생각하거나 "뇌가 없어졌다"고 주장하는 사람도 있습니다. 얼핏 듣기에는 기묘한 호소 같지만 머리가 매우 천천히밖에 움직이지 않는 '제지' 상태는, 본인의 주관적인 감각으로는 "뇌가 없어졌다"라고밖에 생각할 수 없는 거예요. 본인의 몸도 하나의 자본이기 때문에 본인이 지금까지 쌓아 온 것이 없어지는 것이 몸에 병이 걸렸다는 식으로 표현되는 겁니다. 이것을 '심기 망상'이

　　　　　　　　　　　　　　　　　　── 마음은 왜 아플까?

라고 해요.

또 한 가지, '빈곤 망상'이라는 것이 있는데 "돈이 없다"고 굳게 믿는 망상이에요. 이 상태에서는, "병이 위중하니 입원하는 것이 좋겠습니다"라고 말해도 "집에 돈이 한 푼도 없고 빚도 많아서 입원할 수 없어요"라는 등의 대답을 합니다. 이것도 역시 지금까지 본인이 쌓아 온 것이 전부 못 쓰게 된 것을 나타내는 망상이에요.

죄업 망상, 심기 망상, 빈곤 망상, 이것이 '우울증'의 3대 망상입니다. 이런 상태가 길어지면 자신감도 점점 없어져요. 그렇게 되지 않도록 치료를 서두를 필요가 있어요.

어떤 치료를 해요?

우울증 치료는 우선 휴식이에요. 학교에 다니거나 회사에 다니는 사람 모두 쉬어야 해요. 쉬는 기간은 짧으면 한 달, 평균적으로 3개월 정도 필요해요. 천천히 치료하는 것이 중요합니다. 수면 상태도 개선해야 하고, 많은 경우 식욕도 없어지기 때문에 영양 상태 개선도 필요해요.

항우울증 약이 필요한 경우도 있어요. 양극성장애는 오늘날에는 세로토닌과 노르아드레날린 등의 뇌 내 물질과 관련되어 있다고 하여, 이 두 가지 신경전달물질을 늘리는 약을 사용합니다.

휴양과 치료는 단순히 증상을 억제하기 위한 것에 지나지 않아, 우울증 치료에서 가장 중요한 것은 어떻게 일상생활로 되돌아갈 수 있을까예요. 회복하여 이전의 생활로 돌아갔을 때 학교나 직장에서 다시 잘 어울려야 하는데, 그러기 위해서는 지금까지 어떤 방식으로 생활해 왔는지 돌아보면서 생활 방식을 다시 세워야 합니다. 몸의 병이나 상처라면 나으면 돌아갈 수 있지만, 그렇게 간단히 되지 않는 것이 우울증의 어려움이에요.

일상생활로 잘 복귀하기 위해서는 서서히 진행되는 훈련이 필요해요. 예를 들면 3개월 정도 쉬며 치료해서 좋아졌다면, 주 3일만 학교나 회사에 갔다 그냥 돌아오는 간단한 단계부터 시작합니다. 그다음은 주 3일 오전만 가 보고 그다음은 주 5일, 그다음은 오후 3시까지…. 이런 식으로 서서히 학업이나 업무량을 늘려 가는 겁니다.

전일제로 전환한 후에도 6개월에서 1년은 야간 학습이나 야근을 하지 않아야 해요. 병이 나은 지 얼마 안 되었기 때문에 장시간의 학업이나 노동을 피하는 것이 좋다는 단순한 이야기가 아니에요. 특히 야근을 하는 것은 단순히 일하는 시간이 길어진다는 것이 아니라 '스스로 직장 업무를 마무리해야 한다'는 의미예요. 그것은 큰 부담이 될 수 있기 때문에 우울증에서 회복하기 위해서는 업무 방식을 조금씩 바꿔 갈 필요가 있습니다.

'병에 걸리기 전으로 돌아간다'는 의미는 아니군요

그렇지요. 병에 걸리기 전으로 돌아가면 다시 같은 병에 걸립니다. 지금까지 스스로를 얽매는 삶을 살고 있던 것을 돌아보고 생활이나 업무 방식을 바꾸어 여유 있는 삶의 방식을 몸에 익히는 것이 필요해요.

우울증은 고령자에게도 자주 나타나요. 고령자의 경우, 계기가 분명한 경우가 많은데 가족 중 누군가가 죽었다든지, 또는 본인이나 가족이 병에 걸린 경우 그것이 계기가 되어 우울 상태에 빠집니다. 이것 또한 본인이 지금까지 쌓아 온 것이 사라지는 것과 관계있지요. 이것을 '대상 상실'이라고 해요.

고령자 우울증의 특징은 큰 불안을 느끼고 초조함을 보이는 거예요. 불안해서 안절부절 못하고 집 안을 계속 돌며 "큰일 났네, 큰일 났네" 합니다. 또 고령자의 우울증은 망상이 생기기 쉬워 입원 비율도 높아요.

조울증은 언제 생겨요?

우울증은 사람에게 최선을 다하는 타입으로, 최선을 다한다는 것은 음지에서 눈에 보이지 않는 행위인데, 조울증은 양지에서 드러나게 타인과 조화를 이룰 수 있는 타입이에요. '동조성'이라고도 하는데 주위 사람들과 공감하는 것을 잘하고, 주변의 활기에 자연스럽게 맞출 수 있는 그런 감수성이 높은 사람입니다. 어렸을 때부터 쾌활과 우울 양쪽으로 움직이는 특성을 가지고 있고요.

주위 사람들과 잘 어울리기 때문에 동료 간의 평가는 좋은 경우가 많아요. 조울증 환자는 그런 식으로 사람과 사람 간의 연결고리를 계속 쌓아 온 사람들입니다. 그런데 직장이나 학교에서 뭔가 충돌이 발생하고, 그 그룹 안에서 잘 어울리지 못하게 되었을 때 조울증이 발병하는 경우가 많아요. 지금까지는 그룹의 일원으로 잘해 왔는데, 지금까지는 신뢰하고 동조할 수 있었는데, 어느 순간 조화를 잘 이루지 못하면 그것이 본인에 대한 배신처럼 생각될 수도 있어요.

증상은요?

우선 말수가 무척 많아져서 수다스러워져요. 이야기의 맥락이 없고 계속 다른 화제로 바뀝니다. 본인의 친구 이야기를 하는가 싶더니 그 친구가 다니던 학교 이야기로 가고, 그 학교의 유명인 이야기로 가는 식이에요. 일상의 대화에서도 화제가 바뀌는 일은 있지만 그것이 엄청난 속도로 일어나는 겁니다. 기분은 대체로 밝지만 점점 화를 내게 되고 특히 남성의 경우, 폭력적으로 변하기도 해요.

우울증은 시간이 전혀 진행되지 않는다고 했는데, 조울증의 '조증 상태'는 반대로 '지금'이 쌩쌩 지나가요. 평범한 상황이라면 '지금'은 일정 시간의 길이를 가지고 있기 때문에 '지금'이라는 시간 속에서 어떤 정리된 생각을 할 수가 있지만, '지금'이 쌩쌩 지나가 버리면 이야기도 정리가 되지 않는 겁니다.

이렇게 되면 "나는 이렇게 여러 가지를 생각할 수 있는데 주위 사람들은 왜 이렇게 느릴까"라고 생각하고, "주변 사람들은 왜 이렇게 바보 같지?"라는 생각이 들게 돼요. 그렇게 되면 답답해서 안절부절 못하는 것도 이해가 되지요. 그것이 일상이 되어 화를 자주 내는 것 같은 느낌이 드는 거예요.

마음이 붕 떠 있기 때문에 돈 씀씀이도 헤프게 돼요. 성인이라면 한 달에 천만 원 정도 신용카드를 사용한다거나 비싼 곳에서 거하게 술을 마셔요. 자주 충돌을 일으키기도 해요. 여성의 경우 쇼핑이 많고 남성의 경우는 술이 많아요. 이것이 전형적인 조증 상태입니다.

조증 상태에서는 '지금'이 계속되어 '지금'밖에 없어요. 그래서 미래도 과거도 보이지 않게 되지요. 지금까지 자신이 쌓아 올린 '우리는 하나다'라는 공감에 의해 유지되어 온 그룹이 삐걱거리게 되었을 때, 쌓아 올린 과거를 진지하게 응시하면 매우 고통스러운

상태가 됩니다. 그래서 '지금밖에 없다'는 느낌으로 미래도 과거도 생각하지 않게 되는 거예요.

'지금'에만 집중하면 어떤 문제가 생겨요?

조울증 환자는 잘 떠들고 밝아서 얼핏 보기에 즐거운 것처럼 보이지만, 이면에는 줄곧 관계를 쌓아 온 주변으로부터 배신당했다는, 매우 심각한 상실감이 있는 경우가 많아요. 그래서 그것을 없었던 것처럼 하려는 듯, '지금'에만 집중하는 현상이 일어나는 거예요.

조울증을 이렇게 파악하는 견해를 '조적 방어론'이라고 해요. 본인이 해결할 수 없는 것을 다른 방법으로 처리하는 것이지요. 『이솝 이야기』의 '신 포도'가 하나의 예입니다. 여우는 높은 곳에 있는 포도를 보고 먹고 싶지만 손이 닿지 않아 분해요. 그 분함을 스스로 인정하고 싶지 않기 때문에 '저 포도는 시다'고 생각하기로 합니다. 그것이 포도를 손에 넣지 않아도 되는 이유가 되지요. 그것과 마찬가지로 과거를 보지 않아도 되기 위해 조증 상태가 된다는 거예요.

우울증은 자신감을 상실한다고 했는데, 조울증은 신뢰를 잃어버립니다. 싸움이나 폭언을 하기도 하고, 알 수 없는 말을 하거나 돈을 낭비하기도 하지요. 이성과의 관계가 틀어지는 경우도 있어요. 이렇게 되면 학교나 직장, 가정에서 발병과 재발을 반복하게 되고 그때마다 신뢰와 신용을 잃게 됩니다. 본인에게는 이것이 가장 괴로운 일이지요.

치료는요?

조울증의 우울 상태일 때는 우울증과 거의 증상이 같아요. 다만 그때는 항우울증 약은 별로 사용하지 않습니다. 약으로 인해 심한 조증 상태가 되는 일이 있기 때문이지요.

조울증 환자들은 조증 상태가 조금 진정되었을 때 비로소 본인의 슬픔을 이야기할 수 있게 됩니다. 그것을 잘 들어 주지 않으면 재발하기 쉬워요. 그때까지 쌓아 온 질서가 붕괴되고 있기 때문에 거기서 생겨나는 억울함을 그대로 방치하면, 얼핏 나은 것처럼 보여도 환멸의 회로가 다시 작동해서 또 조증 상태나 우울 상태를 반복하게 됩니다. 때문에 조울증 환자가 상실 체험을 잘 처리할 수 있도록 하는 것이 정신요법에서 중요해요.

조증 상태의 이면에 있는 우울 부분을 경청해서 본인 스스로 결말을 짓도록 도와주는 것이 필요할 때가 많아요. 약물요법으로는 기분안정제를 사용합니다. 이 약은 조증 상태를 억제하면서 재발을 적게 하는 효과가 있다고 알려져 있어요.

조울증 치료에서 중요한 것은 조증 상태 안에 감춰진 우울이나 대상 상실을 어떻게 다룰 것인가와 함께, 재발을 예방하는 거예요. 재발을 반복하면 그때마다 주위의 신뢰를 잃게 됩니다. 그와 같은 일이 계속되면 직장을 잃거나 가족으로부터 버림받을 수도 있어요. 또 조증 상태인 환자는 '나는 병이 아니라 긴장이 조금 높을 뿐이야'라고 생각하기 쉽기 때문에 정확히 병에 대해 설명해서 재발을 예방하도록 하는 심리교육도 실시됩니다.

현대의 우울증에 대해 말해 주세요

현대의 우울증은 지금까지 설명한 고전적인 우울증과는 달리 옛날에 '신경쇠약'이라고 불리던 상태에 가깝다고 할 수 있어요. 신경쇠약은 과로나 스트레스에 대한 반응으로 발생하는 우울 상태를 가리킵니다. 현대의 우울증은 한창 일할 나이인 20대에서 40대에 많아요.

고전적인 우울증은 여러 상황에 얽매이는 상태에 빠져 자기 자신의 존재 의미를 잃어버리는 것에서 시작되지요. 한편, 현대의 우울증은 피로나 스트레스에 의해 발생한 심적 반응이기 때문에 자기 자신의 존재 의미는 그다지 무너지지 않아요. 아무리 우울 상태가 되어도 '나는 나'인 것이지요. 그래서 우울 상태일 때 작더라도 좋은 일이 생기면 기분이 매우 좋아지는 경우도 있어요.

어떤 점이 괴로운가요?

첫 번째는 주변이 '알아주지 않는 것'이겠지요. 현대의 우울증이라고 해도 우울 상태라는 점에서는 같아요. 그래서 환자는 매우 고통받습니다. 스스로는 너무 괴로운데 그것을 주위에서 알아주지 않고 게으르다는 말을 듣기도 해요. 또 '지금보다 좋은 환경(직장)이 있지 않을까' 하는 생각이 매우 강해지는데 실제로 행동으로 옮길 정도의 기력이 없는 중간 상태에 놓이는 괴로움도 있어요. 이것도 주위 사람들은 이해해 주지 않아요. "세상을 너무 쉽게 보지 마", "우리도 모두 힘들어", "어떤 회사에 가도 마찬가지야"라는 등의 말을 듣게 되지요.

그러한 고통이 일상적인 심리와 연속된 것처럼 보이는, 즉 사람들이 병을 가볍게 보기 쉬운 것도 환자로서는 한층 더 괴로워지는 원인입니다. "나른하지?", "아무 의욕이 없지?"라며 주위 사람들이 금세 알게 되는 거지요. 거기에 수수께끼가 있다는 것을 모르기 때문에 "기운 내"라는 말을 가볍게 하는 겁니다. 그러나 **실제로는 피로나 스트레스에서 발생한 병이기 때문에 그 상황에서 '힘내라'는 말을 들어도 힘을 낼 수가 없어요.** 마치 다리가 부러졌는데 "괜찮지? 달려!"라는 말을 듣는 것과 같아요. '모두가 쉽게 알 수 있기 때문에 오히려 이해받지 못하는' 괴로움입니다.

복잡하네요

얼마 전에 이런 타입의 우울 상태를 가리키는 '신형 우울증'이라는 말이 유행한 적이 있어요. 병명이 아니라 미디어에서 붙인 말이지요. 이런 유형의 우울 상태는 과로나 스트레스 외의 요인도 있어요. 예전에는 종신 고용이라고 하여 힘들더라도 회사의 방침에 따르다 보면 계속 승진할 수 있었고 마지막까지 회사가 지켜 주었지요. 지금은 그런 제도는 없고 스스로 헤쳐 나가야 하고, 헤쳐 나가더라도 그 끝에 희망이 없습니다. 또 상사에게 심한 말로 질책을 당하거나 동료가 혼나는 것을 일상적으로 보고 있어야 하는 상황에서 우울 상태가 되는 사람도 많이 있어요.

1970~80년대, 고전적인 우울증은 성실한 사람이 걸리는 병이라고 했어요. 성실한 사람은 회사에 도움이 되는 사람이기 때문에 빨리 회사로 돌아오길 바라는 회사나 사회의 기대가 있었어요. 현재는 언제든 계약을 해지할 수 있는 비정규직 근로자가 증가했고, 장기간 일할 수 있는 직장이 줄고 있어요. 그런 상황에서 심하게 말하면 '어떻게 하면 무능한 사원을 빨리 배제하는지'가 중요하게 여겨지는 것 같아요. 회사에 쓸모없는 사원을 골라내기 위한 표현으로 '신형 우울증'이라는 말이 사용되고 있어요.

병은 단순히 병으로만 존재하는 것이 아니라 그 병에 대해 다양한 이야기가 만들어지고, 또 그 이야기에는 사회가 요구하는 내용이 반영됩니다.

어떻게 치료해요?

마찬가지로 우선은 휴식이에요. 항우울제를 소량 사용하는 경우도 있고 항불안제를 사용하기도 합니다. 항불안제는 말하자면 안정제예요. 물론 약 없이 괜찮아지는 사람도 있어요.

또 환경을 바꾸는 것도 중요합니다. 회사 상황에 대해 이야기를 듣다 보면 상사와의 관계에서 트라우마가 발생하는 경우도 많이 볼 수 있어요. 상사와의 관계나 주변 사람과의 관계가 스트레스가 되는 것이 분명한 경우에는 진단서에 '배치 전환이 필요'라고 쓰기도 해요. 환자의 마음의 병만이 아니라 원인이 된 주변 환경도 가능한 고쳐 가야 합니다.

환경의 변화가 중요하네요

그렇지요. 마지막으로 조현병과 우울증과 조울증의 시간 감각을 정리해 볼게요. 이 세 가지 병은 모두 시간을 거스르는 병이라고 해도 좋아요.

조현병은 미래를 선취하는 시간의 감각이 전면에 나타나는 병입니다. 이러한 시간 감각은 축제 전날과 비슷한 흥분되고 고양된 느낌이지만 동시에 앞이 보이지 않는 불안감도 있는 상태예요. 이것을 '축제 전'이라고 합니다. 우울증은 과거가 매우 무겁게 자신을 짓누릅니다. 이것을 '축제 후'라고 해요. 조울증의 조증 상태는 '지금'밖에 없는 상태입니다. 이것은 축제 한가운데와 같아서 모든 순간에 전후의 분별이 없는 느낌으로, 이것을 '축제 중'이라고 해요.

이 시간 감각의 3분류는 일본을 대표하는 정신과 의사 기무라 빈(1931~)이 1970년대에 만든 거예요. 시간을 거스르는 것은 '외상 후 스트레스장애(PTSD)'를 제외하고 다른 병에서는 거의 일어나지 않아요. 인간은 시간의 흐름 속에서 살아가기 때문에 그 시간이 엉망이 되면 인간의 존립 기반 자체가 위협을 받게 됩니다.

떠올리기 싫은 기억이 되살아난다 – 외상후 스트레스장애
이유 없이 몸의 증상이 나타난다 – 전환성장애

떠올리기 싫은 기억이라고요?

원래 '트라우마'라는 말은 '외상' 즉 '상처'라는 의미인데, 오늘날에는 대부분 '마음의 트라우마'를 가리켜요. 마음의 트라우마가 주목받게 된 것은 19세기 이후예요. 19세기는 증기기관차가 개발되어 철도가 보급되기 시작한 시대이지요. 그런데 당시에는 지금으로서는 생각할 수 없을 정도로 철도 사고가 많아서 타고 있던 사람들이 죽거나 부상을 입는 일이 많았다고 해요. 마차 사고와 달리 철도 사고는 인간이 일상생활을 하면서 접하게 되는 힘보다 몇천 배의 강한 충격을 줍니다. 19세기 이후, 인간은 이전엔 경험한 적 없는 힘에 의해 부상을 당하게 된 거지요.

철도 사고가 발생하자 피해자들 중에 다양한 마음의 병 증상이 나타나는 사람들이 생겨났어요. 불안해서 견딜 수가 없다, 쉽게 난폭해진다, 집중할 수 없다, 초조하다, 잠을 잘 수 없다, 악몽을 꾼다 등의 증상이에요. 이들은 병원에서 검사를 받았지만 몸의 상처는 거의 없었어요. 그래서 당시의 의사들은 철도 사고 피해자들에게 뇌나 그 밖의 중추신경계에 눈에 보이지 않는 정도의 어떤 상처가 있는 것이 아닌가 생각하게 되었어요. 그들 피해자에게 '철도 척수'라는 병명이 붙여지는 경우도 있었어요.

또 철도 사고와 마찬가지로 인간의 예측을 훨씬 뛰어넘는 엄청난 힘과 충돌하는 일들이 등장했는데, 바로 전쟁이지요. 20세기 초, 제1차 세계대전(1914~1918)이 일어났을 때 전쟁에 나갔다 돌아온 병사들에게도 철도 사고 피해자들과 비슷한 증상이 많이 나타난 거예요. 그들의 병은 '전쟁 신경증'이라 불렸어요.

'철도 척수'나 '전쟁 신경증'은 처음에는 몸의 상처, 즉 눈에 보이지 않는 정도의 뇌나 중추신경계의 상처에 의한 것이라고 생각했어요. 그런데 그중에는 전쟁에서 동료가 총에 맞은 것을 목격했을 뿐인데(즉, 자신에게는 아무런 상처가 없음에도 불구하고) 전쟁 신경증에 걸린 경우도 있었어요. 이와 같은 이유로 서서히 뇌나 중추신경계의 상처가 아니라 마음의 트라우마가 주목받게 된 것입니다.

1900년 무렵, 지그문트 프로이트(1856~1939)와 피에르 자네 (1859~1947)는 철도 사고나 전쟁 피해를 입지 않아도 트라우마가 발생할 수 있다는 것을 거의 동시에 발견했어요. 프로이트는 후에 정신분석을 창시한 신경과 의사이고 자네는 정신과 의사였어요. 그들이 주목한 환자는 손이 움직이지 않는다든지 물을 전혀 마실 수 없다든지 걸을 수 없는 신체 증상이 나타나는데도 여러 검사를 해도 몸의 병은 발견되지 않았어요. 이러한 병을 당시에는 '신경증' 이라 불렀어요. 프로이트와 자네는 신경증이 마음의 트라우마에 의해 발생한다는 것을 거의 동시에 발견한 것이지요.

초기의 프로이트 이론에 따르면 트라우마는 유소년기에 입은 성적 학대가 원인이었어요. 프로이트는 주로 가족이나 친척으로부터 받은 학대가 트라우마를 낳고 그것이 신경증을 일으킨다고 주장했어요.

어떻게 알게 되었나요?

신경증을 앓고 있는 사람의 이야기를 시간을 들여 잘 들었기 때문 이에요. 자네는 정신과 병동에서 신경증을 앓고 있는 사람의 이야 기를 들으며 마음의 트라우마에 대해 알게 되었어요. 프로이트는 왕진이나 자신의 진료실에서 '자유연상법'이라는 정신분석 방법으로 그것을 알아냈고요.

자유연상법이라는 것은 프로이트가 고안한 정신요법이에요. 이 방법으로 진료할 때 환자는 자신의 머리에 떠오른 것을 어떤 것이라도 치료자에게 이야기해야 해요. 심각한 이야기를 하고 있다가도 갑자기 '오늘 밤은 반찬이 뭐지?'라고 신경이 쓰이거나, '선생님(치료자)의 넥타이가 촌스러워요'라든지 전혀 관계없는 것들이 떠오르기도 하는데 그것도 전부 말해야 해요. 말하기 부끄러운 것이 생각나더라도 이야기해야 해요. '이런 말을 하면 선생님이 상처받지 않을까'라고 생각되는 것도요. 이러한 규칙 하에 자신의 머리에 떠오른 것을 계속 이야기하는 겁니다.

그러면 여러 가지 것들이 명확해져요. 자신에게 곤란한 것에 대해 이야기하면서 문득 그것과는 관계없는 것을 떠올리는 것은 실은 관계없는 것이 아니라, 그 직전까지 이야기하고 있던 자신의 병과 어떤 식으로든 관련이 있는 것이라는 것을 알게 되기도 해요. 그 밖에도 사소한 말실수나 깜빡깜빡 하는 것, 꿈 등도 어떤 특별한 의미를 가지는 것을 알게 되는 경우가 있어요.

그런 식으로 자기 자신도 잘 몰랐던 마음 작용='무의식'이 명쾌해집니다. 그러면 현재의 증상이 과거에 자신에게 일어났던 일들과 어떻게 연결되는지도 알게 돼요. 그 결과 유아기의 학대와 연관되어 있는 사례가 많은 것을 알게 된 거죠.

보통 사람들은 트라우마를 어떻게 처리해요?

여러분은 친구들과 대화하면서 가끔 "아, 이 말은 안 해야 했는데 잘못 말했다" 하는 경험이 없나요? 그럴 때 많이 힘들지요. 그래서 상대방과 헤어져 혼자 있을 때 본인이 그때 한 말을 마음속에서 몇 번이나 반복해서 말하곤 해요.

맞아요, 맞아요

사람들은 그럴 때 자꾸만 그 장면을 떠올리거나, 했던 말을 반복하며 마음을 진정시키려고 하는 거예요. 그것은 작은 트라우마를 재생시킴으로써 처리하려고 하는 마음의 작용이에요. 실제로 그러는 사이에 점점 고통스러운 마음이 엷어지지요. 그것은 트라우마를 처리할 수 있고, 트라우마가 자신의 머릿속에 응어리지는 일은 이미 없어졌다는 것을 의미해요. 인간은 고통스러운 기억을 반복함으로써 처리하려고 해요.

어떤 의미에서는 꿈도 그런 역할을 합니다. 꿈에는 그날 있었던 일과 관계있을 법한 것들이 나오지요. 그날 겪었던 일들을 꿈속에서 처리하는 겁니다. 처리되는 과정이 시각화해서 보이는 것이 꿈이에요. 그래서 자는 것은 매우 중요해요. 자지 않으면 그 처리가 불가능하기 때문에 실제로 불면증이 계속되면 극단적인 경우 자신의 트라우마와 관련되는 환각이 나타나기도 해요. 그런 환각은 조현병의 환각과는 달라서 잘 자고 나면 사라지는 경우가 많습니다.

자는 동안에 엄청난 일을 하는군요

트라우마를 처리하는 방법은 또 있어요. 다른 사람과 수다를 떠는 것도 중요하지요. 예를 들면 지진 같은 큰 재해가 있을 때에 사람들은 트라우마를 경험합니다. 그럴 때는 가능하면 같은 피해를 입은 사람끼리 "그때 정말 무서웠어요", "나는 그때 이런 일을 하고 있던 참이었어요" 같이 트라우마의 계기가 된 사안에 대해 함께 이야기를 나누면 고통도 줄어들어요. 실제로 그렇게 여러 차례 타인과 이야기할 때마다 이야기의 강조 부분이나 이야기 방법이 계속 바뀌게 됩니다.

이렇게 인간은 사람들과의 수다를 통해 트라우마를 처리해요. 가장 나쁜 것은 고립시켜 두는 것, 같은 체험을 한 사람과 이야기하는 기회를 빼앗는 거예요. 재난을 당한 곳에서 멀어져 주변 사람들과 연결고리가 끊기게 되면 그런 이야기를 하는 것도 불가능하게 됩니다.

프로이트는 트라우마 처리에 대해 다음과 같은 예를 들어 설명했어요.

　프로이트의 손자 에른스트가 아직 말이 서툴렀던 한 살 반 무렵의 일이에요. 손자는 엄마가 없을 때 자주 혼자 놀았어요. 아이는 실뭉치를 던지고는 "오~오~오~" 하며 기뻐했어요. 또는 실을 잡아당겨 실뭉치를 자기 쪽으로 가져와서 "다~"라고 하거나 다시 실뭉치를 내던지고는 "오~오~오~"라고 말하는 것을 반복했어요. 프로이트는 이 "오~오~오~"는 독일어 '없다(Fort)', "다~"는 '있다(Da)'를 의미하는 것을 발견했어요.

　나아가 손자가 그 놀이를 하는 것은 엄마가 없을 때라는 것도 알아냈지요. 아이에게 엄마가 자신의 눈앞에서 없어지는 것은 고통스러운 체험이고, 그 자체가 트라우마의 원인이 되어도 이상하지 않은 일이지요. 손자는 실뭉치를 엄마로 보고, 그것이 자기의 눈앞에서 사라졌다가 또다시 돌아오는 것을 자기 손으로 여러 차례 반복하면서 엄마가 없어지는 고통스러운 체험을 처리하고 있는 것이라고 프로이트는 생각했어요.

　엄마가 자기 눈앞에서 없어지는 것이 고통스러운 체험이라고 느끼는 것은 손자가 엄마의 움직임에 개입할 수 없기 때문이지요. 즉, 엄마가 자기 눈앞에서 멀어지는 것에 자신은 수동적으로 따를 수밖에 없다는 것은 고통스러워요. 그렇다면 엄마가 자신의 눈앞에서 멀어졌다가 다시 돌아오는 것을 자신의 손으로 능동적으로 해

버리면 됩니다. 이와 같이 '없다'와 '있다'를 머리로 능동적으로 컨트롤 할 수 있게 되면 엄마가 없어지는 고통이 완화된다고 프로이트는 생각했어요.

어렸을 때부터 그런 식으로 트라우마를 처리하네요

네, 어른이 된 후에도 기본적으로는 같아요. 이런 식으로 인간은 고통스러운 것, 고통스럽지 않은 것을 포함해서 다양한 기억을 스스로 생각해 내거나 꿈을 꾸거나 다른 사람에게 이야기하는 등의 방법으로 끊임없이 처리합니다. 그래서 실은 기억이라는 것은 고정된 것이 아니라 매일 조금씩 바뀌는 거예요.

물론 스스로 체험한 사실에 관한 기억이 완전히 바뀐다는 것은 아니에요. 그 사실을 어떻게 파악하는지, 어디에 방점을 두는지가 점점 바뀌는 겁니다. 반복적으로 처리되면서 마음이 편안해지는 것은 매우 중요해요. 그것이 잘되지 않을 때 생기는 마음의 병이 '외상후 스트레스장애(PTSD)'나 '신경증'이에요. 'PTSD'라는 말은 어디선가 들은 적이 있을 거예요. Post Traumatic Stress Disorder의 첫 글자로 트라우마 후에 발생하는 마음의 병이라는 의미예요.

앞에서 인간은 고통스러운 일이 있어도 그것을 처리할 수 있으면 자신의 머리에 계속 응어리져서 남는 일은 없다고 말했지요. 그러나 세상에는 가끔 처리할 수 없는 중대한 일들이 기습적으로 발생하기도 해요. 그럴 때 충분히 처리할 수 없기 때문에 마음의 병에 걸리는 거예요.

철도 사고나 전쟁, 혹은 공장에서 실수로 손이 절단되는 등의 비참한 사고, 지진이나 홍수 등의 자연 재해, 성폭력 피해를 당하거나 또는 다른 사람이 죽는 현장을 목격하거나 자살한 시체를 발견하는 것 등이 PTSD의 원인이 될 수 있어요. 이런 트라우마는 기습적으로 발생하기 때문에 즉시 처리할 수 없지요.

PTSD에는 주로 다음의 세 가지 증상이 일어나요.

첫 번째는 '플래시백(재경험)'이에요. 트라우마의 원인이 된 일이 몇 번이고 머릿속에 떠오르는 거지요. 고통스러운 일이 있었을 때 그것을 반복하는 것과 같아요. 약한 트라우마라면 반복하면서 처

▶ **외상후 스트레스장애(PTSD)의 3가지 증상**

플래시백(재경험)	회피	과각성
트라우마의 원인이 된 일이 계속 생생하게 떠오름	트라우마에 관련된 것을 피함	자극에 대해 지나치게 과민해져서 긴장이 계속됨

리가 되어 사라지지만, 강한 트라우마는 계속 생생한 기억으로 머릿속에 반복적으로 재현됩니다. PTSD의 플래시백은 다른 이름으로 '침입'이라고도 해요. 갑자기 생활 속에 침입해서 주체성을 빼앗아 버리는 매우 무서운 체험이에요.

언제 발생할지 몰라요?

네, 멍하게 있을 때 발생하기도 하고, 일을 하고 있을 때도 발생하기 때문에 일상생활이 매우 힘들어요.

두 번째는 '회피'예요. 예를 들어 철도 사고 후, 철도가 연상되는 것을 보면 무서워서 가까이 갈 수 없는 것이 그런 증상이에요. 트라우마와 관련된 것을 피하게 되는 거지요. 밤길에서 성폭행을 당한 사람이라면 어두운 길을 가급적 피하게 됩니다. 가해자가 있을 것 같은 곳이나 인적이 드문 곳도 가고 싶지 않겠지요. 그런 장소에 다가가는 것만으로 몸 떨림이나 식은땀 같은 생리적인 반응이 나타나는 경우도 있어요.

세 번째는 '과각성'이에요. 다양한 자극에 대해 지나치게 과민해져서 눈을 뜨고 있는 동안 줄곧 긴장하고 있는 상태가 됩니다. 언제, 어느 방향에서 위험이 닥칠지 모르기 때문에 사방으로 경계하고 있는 것이죠. 당연히 푹 쉴 수 없고 잠을 잘 수 없게 돼요. 과각성이라고 하면 정신을 차리고 깨어 있는 상태이지만, 오히려 집중력이 떨어지는 경우가 많아요. 모든 방향을 경계하고 있기 때문에 하나의 특정한 것에 집중하기가 불가능해지는 겁니다.

이 세 가지 PTSD 증상은 플래시백이 중심에 있고, 그것을 피하기 위해 회피와 과각성이 일어난다고 생각하면 이해하기 쉬울 거예요. 트라우마가 된 사건을 두 번 다시 경험하지 않도록 그것을 연상시키는 장소에는 절대로 가지 않습니다(회피). 그렇지만 그렇게 해도 플래시백이 일어날지 모르고, 실제로 같은 위험이 자신에게 닥칠지 모르기 때문에 늘 태세를 갖추고 있을 수밖에 없지요(과각성). 이 세 가지는 서로 관련이 있습니다.

또 한 가지 덧붙이자면 '해리'가 있어요. 성폭력의 예로 생각해 봅시다. 성폭력의 경우 종종 피해자가 '저항하지 않았다'는 말을 듣습니다. 그러나 그것은 저항하지 않은 것이 아니라, 도저히 받아들일 수 없는 갑작스러운 폭력을 마주하지 않아도 되도록 그 폭력에 '의식의 문을 닫아 버렸다'고 하는 쪽이 맞아요. 자기 몸에 일어나고 있는 일이 견딜 수 없이 괴롭기 때문에 '내가 경험하고 있는 일이 아닌' 것으로 하는 것이죠. 이런 상태를 해리라고 해요. 이 해리는 PTSD의 원인이 되는 사건에서만 보이는 것이 아니라, 사건이 끝난 후에도 재경험, 회피, 과각성 같은 증상과 함께 나타나는 경우가 있어요.

PTSD 치료에는 트라우마의 처리가 필요한데, 그중 하나가 '안구운동에 의한 탈감각화 재처리법(EMDR, Eye Movement Desensitization and Reprocessing)이에요. 충분히 이완된 환경에서 치료자가 손가락 끝을 좌우로 움직여 환자에게 손가락의 움직임을 안구만으로 쫓게 하면서 트라우마가 된 일을 떠올리게 하는 것입니다. 이렇게 하면 트라우마가 된 일이 조금씩 떠올라 그것을 처리할 수 있게 돼요.

안구운동이라구요?

물론 간단한 일은 아니에요. 원래 트라우마 기억은 떠올리고 싶지 않은 거예요. 그렇기 때문에 치료 과정에서 "떠올리려고 노력해 보세요"라고 쉽게 말할 수 없지요. 그러나 손가락을 눈으로 쫓아가는 다른 행위를 하면서 트라우마가 된 일을 떠올리는 것은 비교적 쉬워요. 그렇긴 해도 EMDR을 하는 동안 여러 기억이나 감정, 신체의 감각이 폭발적으로 나타납니다. 그것에 대해 찬찬히 이야기를 나눔으로써 트라우마를 처리할 수 있는 거예요.

EMDR이든 다른 정신요법이든 트라우마를 다룰 때는 환자가 트라우마가 된 일을 떠올려도 안심할 수 있는 환경을 갖춰야 해요. '설령 트라우마 기억이 되살아나도 지금은 그때와는 완전히 다른

상황이기 때문에 그것은 머리에서만 일어나는 것이고 현실에서는 일어나지 않는다'는 것을 확신할 수 있는 상태를 만드는 겁니다. '이래서 나는 안전하다'는 것을 몇 번이고 훈련한 후에 조금씩 트라우마가 된 일을 다루어 가는 거예요.

몇 번이고 그런 과정을 거치다 보면, 트라우마를 체험했을 때 머릿속이 새하얗게 되었던 일, 울었던 일, 몸이 떨렸던 일 등 그런 체험에 동반되었던 반응을 지금은 하지 않는 것을 알게 되지요. 그러면서 점점 트라우마에 대해 이야기할 수 있게 되고, 트라우마에 수반되는 신체 감각이나 마음 작용을 조금씩 되돌려 가면 트라우마를 처리할 수 있게 됩니다.

베트남전 참전 군인으로 회복이 되었나 싶었는데, 몇십 년이나 지나서 우연한 계기에 플래시백이 일어났다는 이야기를 들은 적이 있어요

트라우마에 대한 반응이 상당히 시간이 지난 후에 일어나는 경우도 있어요. 그런 것을 '지발성 PTSD'라고 해요. 대부분은 트라우마를 겪고 나서 1~2주 후쯤에 증상이 일어나는데, 반년이나 일 년, 또는 더 경과한 후에 일어나는 경우가 있어요. 또 회복되었다고 생각했는데 재발하는 사람도 있고요. 그 경우는 시간이 지난 후에 발생했다기보다는 '어떻게든 견디고 있는' 상태가 길었던 사람들이기 때문에 트라우마가 전혀 처리되지 않아 낫기 어려운 경우도 있어요.

전환성장애는 PTSD와 뭐가 달라요?

전환성장애는 몸에는 아무런 이상도 없는데, 손이 움직이지 않는다거나 걸을 수 없다거나 물을 마실 수 없다거나 이상한 기침이 나는 등 몸의 병 같은 형태로 나타나는 마음의 병이에요. 마음의 문제가 몸의 문제로 전환한다는 의미에서 '전환'이라는 단어를 사용해요. 예전에는 '히스테리'라고 했어요.

　PTSD는 갑자기 발생한 일이 처리할 수 없는 트라우마를 만들어 발병하지만, 전환성장애는 유소년기의 트라우마가 문제가 돼요. 유소년기의 트라우마가 충분히 처리되지 않은 채 잠복해 있다가, 사춘기나 성인이 된 후에 다시 활발하게 작동하게 되어 전환성장애가 발생해요.

왜 어렸을 때의 트라우마가 나중에 나타나요?

전환성장애에 관해서는 뇌 연구도 진행되고 있지만, 역시 정신분석 방식을 참조하지 않으면 이해하기 어려워요. 정신분석에서는 인간의 마음은 어렸을 때부터 단계적으로 발달하면서 시기별로 쾌감을 얻는 방법이 달라진다고 봐요. 여기서 말하는 '발달'이란 성적인 발달입니다.

어린아이는 손가락을 빨지요. 이 시기를 정신분석 용어로 '구순기'라고 해요. 프로이트는 아이가 입이라는 기관을 사용해 만족을 얻는 것도 '성적 만족'이라고 보았어요. 그다음이 '항문기'인데 여러분이 아이였던 때를 생각해 보세요. 아이 스스로 배설을 하면 부모가 달려와서 "장하다"고 칭찬하지요. 아이는 자신이 황금 알 같은 것을 낳았고, 부모가 그것을 기뻐한다고 느껴요. 그래서 아이에게 배설은 부모에게 주는 선물이고 그 자체가 매우 즐거운 일입니다. 또 대변의 배설은 항문 괄약근을 통제하는 것이기 때문에 조금씩 자신의 몸을 자유롭게 통제할 수 있는 감각이 생겨나서 만족감을 느낍니다.

이렇게 아이의 성적인 만족의 형태는 단계를 거쳐 변화해 갑니다. 이것이 어른이 된 후의 성적 만족의 원형이라고 프로이트는 생각했어요.

그러나 아이가 각각의 단계에서 늘 충분히 만족하는 것은 아니에요. 예를 들어 부모를 잃은 경우 그 만족이 충분히 전달되지 않겠지요. 그런 불만족스러운 경험은 아이에게는 예측 불가능한 것이기 때문에 자연재해 같은 기습적인 일과 같아서 트라우마를 일으키게 돼요. 어렸을 때의 성적 만족이 어른이 되어도 중요한 요인으로 계속 남게 되는데, 이것을 '고착'이라고 해요.

사춘기 이후 강한 불안이나 스트레스에 노출되거나 유아기의 트라우마와 관련된 일이 일어났을 경우, 그 트라우마가 다시 문제가 될 수 있어요. 전환성장애는 PTSD처럼 트라우마 자체를 재경험하는 것이 아니라 손이 움직이지 않는다든지 걸을 수 없는 등의 신체 증상으로 전환되어 나타나요.

치료는 정신요법이 매우 중요해요. 정신요법에는 정신분석만이 아니라 인지행동요법 등 여러 방법이 있어요. 다양한 방법으로 트라우마를 처리하거나 트라우마의 영향을 가능한 한 적게 받게 합니다. 특히 전환성장애는 지금까지 몸의 증상으로 표현한 것을 마음속에서 처리할 수 있게 하는 것이 중요해요.

원인이 된 트라우마를 일으키는 사건은 한 번뿐인가요?

PTSD나 신경증은 한 번, 또는 적은 횟수의 사건으로 발생한 트라우마에서 증상이 시작돼요. 그러나 일상적으로 학대를 당한 것처럼 만성적인 트라우마가 있는 경우에는 조금 다른 마음의 병이 나타나는 경우가 있어요. 구타나 억박을 당하고 욕을 듣거나 하는 고통스러운 상황에 일상적으로 노출되어 성장하면 마음에 심각한 영

—— 마음은 왜 아플까?

향을 받게 됩니다.

예를 들어 알코올 의존증 부모가 있는 가정에서 자란 아이를 생각해 봅시다. 이런 가정에서 자란 아이는 술을 마시고 난폭해진 부모와, 술이 깨고 나서 "아까는 미안했어"라며 매우 자상해지는 부모, 이 두 부모와 늘 접하게 됩니다. 두 부모는 동일 인물인데 그때마다 완전히 다른 모드에서 다른 태도를 취하는 거지요.

아이는 '지금 부모는 어느 모드인가'를 그때마다 판단해서 그에 맞는 적절한 대응을 해야 합니다. 부모가 난폭할 때는 즉시 "내가 부모님 기분을 상하게 했기 때문이야", "내가 잘못해서 그래"라고 생각하게 되지요. 그렇게 되면 부모가 무슨 일이 있어도 끝내 나를 받아 주고 인정해 주는 베이스캠프 같은 존재가 되지 못합니다. 부모가 베이스캠프로 있는 것은 인간의 마음 발달에 매우 중요해요. 부모님이 "청소해", "숙제해"라고 잔소리를 하면 화가 나기도 하지요. 그렇지만 **부모님께 가끔 엄청나게 야단맞는 일이 있어도 최종적으로는 나를 받아 준다는 기본적 신뢰감이 있으면 가정 안에서 안심하고 지낼 수 있습니다.**

심각한 가정이라면 가출을 하면 되지라고 생각할 수도 있겠지만, 역설적으로 이런 가정에서 자란 아이들은 가출을 할 수 없어요. 무슨 의미냐면 가출은 집을 나가도 다시 돌아오면 나를 반드시 받아 줄 것이라는 절대적인 신뢰감이 없으면 불가능하기 때문이에요.

듣고 보니 그런 것 같네요

알코올 의존증 부모를 가진 아이들은 기본적 신뢰감을 가지지 못한 채 성장하게 됩니다. 학대가 있는 가정에서 자란 경우도 거의 비슷해요. 아이들은 부모의 태도에 맞추면서 늘 '내가 나빠'라고 생각하며 자랍니다.

이런 성장 환경은 크게 나누어 '복잡성 PTSD', '경계성 성격장애', '어덜트 칠드런' 이 세 가지 상태를 발생시켜요.

일반적인 PTSD는 한 번의 매우 심각한 사건에 의해 발생하지만, 복잡성 PTSD는 가정 내에서의 일상적인 학대나 분쟁으로 인한 트라우마, 혹은 민족적 소수자나 성적 소수자가 일상적으로 경험하는 차별에서 유래하는 트라우마 등 장기적으로 여러 차례 외상적 사건에 노출된 결과에 의해 발생해요.

복잡성 PTSD 환자의 경우 한 번의 트라우마에 따른 PTSD와 비교해 해리가 많이 나타나요. 학대당하고 있는 동안 '이것은 나에게 일어나고 있는 것이 아니야'라고 자기의 모드를 바꿔서 대응하기 때문에, 그 영향으로 후에도 해리를 자주 사용하게 됩니다. 자기 눈앞에서 일어나고 있는 일에 전혀 현실감이 없거나 일정 기간 분명한 의식이 없는 경우도 있어요. 나도 모르는 사이에 메일을 보내거나 정신을 차려 보니 모르는 곳에 있었다는 식으로 방금 전까지 자신이 무엇을 하고 있었는지 모르는 거예요. 자해행위나 우울증을 동반하는 경우도 많아요.

경계성 성격장애는 여성에게 많고, 특히 사춘기부터 청년기에 걸쳐서 연애관계에서 어려움이 많을 때 나타나는 경우가 흔해요. 처음에는 연애 상대(많은 경우 남성)를 '이 사람은 나에 대해 모든 것을 이해해 주는 정말 멋진 남자 친구야'라며 매우 이상적으로 생각해요. 그러나 사소한 흠결이라도 보이기 시작하면 돌변해서 "너는 최악의 인간이야. 죽어 버려"라는 식으로 저주를 퍼붓게 돼요. 이렇듯 양극단적인 대인관계밖에 할 수 없는 경우가 많아요.

경계성 성격장애, 말이 어려워요

경계성 성격장애는 만성적 공허감 즉, 허무하거나 몸 둘 곳이 없는 느낌도 자주 들어요. 이것은 앞에서 말한 베이스캠프가 없는 것과 관계가 있어요. 안정된 대인관계를 갖는 기반이 되는 것은 부모와의 기본적 신뢰감이에요. 그러나 그와 같은 신뢰감이 만들어지기 어려운 환경에서 성장하면 성인이 된 후의 대인관계에도 그 영향이 나타납니다.

또 경계성 성격장애는 자기 마음속에서 일어나고 있는 일과 현실에서 일어나고 있는 일의 구별이 어렵다고 알려져 있어요. 예를 들어 상대와 이야기하고 있을 때 마음속으로 '이 사람 너무 무서워'라고 생각한다고 합시다. 그럴 때 보통은 '나는 이 사람에 대해 무섭다고 생각하지만 이 사람이 나를 위협할 거라고는 생각하지 않아'라고 생각할 수 있지요. 즉, 자기 마음속에서 상대에 대해 생각하는 것과 상대가 실제로 어떤가 하는 것은 별개로 구별할 수 있어요.

그러나 경계성 성격장애인 사람들은 자기 마음속에서 일어나고 있는 '이 사람 너무 무서워'라는 생각이 그대로 '상대방이 나를 위협하고 있어'로 되어 버리기 쉬워요. 자신의 마음과 상대의 마음의 경계선이 없어지기 쉬운 겁니다.

결과적으로 대인관계에서 문제를 일으키기 쉽고 주변에서 '짜증나는 사람'이라는 말을 듣게 되지요. 특히 연애관계에서는 상대를 이상화하기 때문에 처음에는 상대방도 무척 좋아해요. 상대방은 '나를 엄청 칭찬해 준다'고 받아들이기 때문이지요. 그러나 그것도 한순간에 지나지 않고 깎아 내리기가 시작되면 당연히 상대방도 날카로운 태도를 취하게 되지요. 그러면 본인이 마음속으로 생각하고 있던 세계와 현실이 정말로 하나가 되어 버려요. 이렇게 대인관계의 패턴이 강화되어 갑니다.

결국 동료들 사이에서 "저 사람 어처구니없는 사람이야"라는 말을 듣게 되고, 함께 하기 어려워져서 본인은 더욱 공허감이나 우울 상태가 심해집니다.

본인의 생각과 상대의 생각이 구별이 안 된다니요…

본인의 마음과 다른 사람의 마음이 다르다는 것은 타인이 안정된 상태로 존재할 때 비로소 이해하게 돼요. 알코올 의존증 부모가 있는 가정처럼 타인의 상태가 시시각각으로 변해서 그때마다 거기에 맞춰서 채널을 바꾸는 생활이 계속되면 '타인과 맞추는 자신'밖에 없게 됩니다. 그렇게 되면 나와 타인을 구별할 수 없게 되지요.

어덜트 칠드런이라고요?

어덜트 칠드런은 알코올 의존증 부모 밑에서 성장한 아이들에게서 많이 보여요. 어덜트 칠드런과 부모의 관계는 세 가지 패턴이 있다고 알려져 있어요.

　첫 번째는 부모의 문제를 자신이 책임지고 부모의 뒤치다꺼리를 하는 사람이에요.

　두 번째는 부모를 달래는, 부모를 조정하는 역할을 하는 사람이에요. 아버지의 알코올 의존으로 어머니가 매우 힘들어하는 것을 조정하는 역할을 합니다.

세 번째는 엉망진창인 가정에 어떻게든 순응하는 사람이에요.

'책임을 지다', '조정하다', '순응하다'는 순조롭지 않은 가정에서 어떻게든 살아남으려고 하는 사람들의 특성이에요. 이런 사람들은 어른이 된 후에도 주변에 열심히 맞추려고 합니다. 당연히 늘 주변을 살피면서 살아갈 수밖에 없기 때문에 힘들고, 만성적인 공허감이나 불안감을 가지고 상담하러 오게 되는 사람이 많아요. '어렸을 때부터 마치 어른처럼 행동해 온 사람'이라는 의미로 '어덜트 칠드런'이라고 부르죠.

어쨌든 만성적인 트라우마에 노출되는 환경에서 자라는 것은 훗날의 인생에 심각한 영향을 주기 때문에 어떻게든 트라우마가 쌓이는 것을 피해야 해요. 부모의 알코올 의존증을 치료하고, 아이를 가정에서 분리하거나 아동 상담소나 쉼터 등을 이용하게 하는 것도 필요합니다. 어린 시절의 트라우마를 줄이는 것뿐만 아니라, 성인이 된 후에 마음의 병으로 고통받지 않고 스스로 하고 싶은 것을 할 수 있게 도와야 합니다.

4

손 씻기를 멈출 수 없다 – 강박증
먹기 싫다·먹는 것을 멈출 수 없다 – 섭식장애

나를 컨트롤하는 것과 관련된 것 같아요

네, 먼저 '강박증'('강박성장애', '강박 신경증'이라고 부르기도 합니다)부터 시작할게요. 이것은 머릿속에 떠오르는 생각을 자기 힘으로는 잘 떨쳐 버릴 수 없는 병이에요. 조현병에서도 머릿속에 여러 가지 생각이 떠오른다는 이야기를 했는데, 강박증은 정해진 주제와 그 주변의 것들이 강한 불안과 함께 머릿속에 집요하게 떠오릅니다.

게다가 많은 경우 머릿속에 떠오르는 생각은 본인으로서도 불합리하다고 생각되는 것들이에요. 예를 들어 내 손이 더러운 것은 아닐까 같은 생각이나 신발 끈이 풀어진 것은 아닌지, 물건을 제대로 좌우대칭으로 놓지 않으면 불길한 일이 일어날 것 같은 생각이 강한 불안과 함께 나타나서 몹시 신경이 쓰입니다. 그 생각이 옳지 않은 것은 본인도 알아요. 손은 방금 전에 씻었기 때문에 틀림없이 깨끗하고, 신발 끈도 잘 묶여 있는 것을 머리로는 알고, 물건을 놓는 방식으로 불길한 일이 일어나지는 않는다는 것을 잘 알고 있어요. 그래도 그것이 신경이 쓰이고 불안해서 견딜 수가 없게 되는 겁니다.

이런 식으로 머릿속에 떠오르는 생각을 '강박관념'이라고 해요. 강박관념은 어떤 식으로든 행동을 유발시켜요. 손이 더러운 것 같다는 생각이 떠오르면 많은 사람들이 손을 씻는 행동을 하겠지요. 신발 끈이 풀어진 것 같다는 생각이 떠오르면 다시 한 번 끈을 묶습니다. 그런데 강박증 증상이 있는 사람은 이런 행동을 해도 또 같은 강박관념이 떠올라요. 더럽다고 생각해 손을 씻어도 여전히 더럽다는 생각이 멈추지 않아 계속 손을 씻는 겁니다.

어떤 사람은 심할 경우 하루에 손세정제를 여러 통 사용할 정도예요. 몇 시간이나 계속 손을 씻기 때문에 손이 거칠어지고 피가 나기도 합니다. 이것을 '강박행동'이라고 해요.

그렇게까지 씻나요?

마음은 왜 아플까?

네, 강박관념 → 강박행위 → 강박관념 → 강박행위의 흐름을 계속 반복하는 것이 강박증 환자의 가장 큰 어려움이에요. 스스로도 바보 같다고 생각하지만 멈출 수가 없는 겁니다.

왜 이런 일이 일어날까요? 세상에는 '겉'과 '속', '안'과 '밖'처럼 정반대의 의미가 대립하고 있는 경우가 많지요. 그런 대립에는 순서가 있는 것이 많고요. 예를 들어 '안'과 '밖'이라면 '안'이 먼저고 '안'이 아닌 것으로서 '밖'이 있어요. 또 '깨끗하다'와 '더럽다'라는 대립은 먼저 '깨끗한' 상태가 있고 그것이 더러워져서 '더러운' 상태가 됩니다. 이렇듯 대부분의 것들은 한쪽의 세계가 먼저 있고, 그 세계가 부정당하면 다른 한쪽의 세계가 되는 구조를 가지고 있어요.

대립되는 이 두 개를 첫 번째 세계와 두 번째 세계라고 생각해 봅시다. 정신과 전문의인 야스나가 히로시(1929~2011)는 이 첫 번째 세계와 두 번째 세계를 명확히 구분해서 그 사이의 경계를 분명히 하는 것에 너무 집착하는 것이 강박증이라고 했어요.

첫 번째 세계에는 자신의 머릿속의 생각이 있고, 거기에 두 번째 세계, 즉 강박관념이 솟아나요. 그러면 두 번째 세계를 어떻게든 해소해서 첫 번째 세계와 구별해 내야 하지요. 예를 들어 자신의 손이 '깨끗하다'고 생각하고 있을 때 갑자기 '내 손이 더럽다'는 생각이 떠오르면, 어떻게든 '내 손이 더럽다'는 생각을 떨쳐 버리려고 하겠지요. 손 씻기라는 강박행위를 통해 깨끗한 세계를 유지하려고 하는 것이 강박증 환자의 기본적인 태도예요.

그러나 여기에는 한 가지 덫이 있어요. 바퀴벌레가 없는 '청결한 부엌'이 있는데, 그것을 부정하게 되면 바퀴벌레가 있는 '더러운 부엌'이 됩니다. 강박증 환자는 어떻게든 '청결한 부엌'을 유지하려고 해요. 바퀴벌레가 없는 '청결한 부엌'을 유지하기 위해서는 바퀴벌레가 나올 것 같은 장소를 계속 감시해야 하지요. 그렇게 되면 평소보다 더 자주 바퀴벌레를 보게 돼요. 즉 '더러운 부엌'을 보게 되는 겁니다.

싫은 것을 자신에게서 멀리 떨어뜨리기 위해서는 싫은 것이 나올 것 같은 곳에 주목해야 하기 때문에 결과적으로 싫은 것을 더 보게 되는 것이지요. 그리고 '싫은 것이 나의 세계에 들어왔으니 어떻게든 나의 세계를 지켜야 한다'는 마음이 들어 한층 더 싫은 것이 나올 것 같은 곳에 주목하게 되는 겁니다. 이런 악순환이 강박증 환자들이 체험하는 세계예요.

악순환이네요

네, 강박증은 '컨트롤하려고 하기 때문에 실은 컨트롤이 불가능하다는 것을 알게 되고, 그래서 더욱 컨트롤하고 싶어지는' 컨트롤의 악순환이에요. 당연히 이런 상태라면 일상생활에 커다란 지장이 생겨요. 더러운 것을 보는 것이 매우 무서운 사람은 학교에 갈 때에도 쓰레기가 모여 있는 곳을 지나갈 수 없어서 멀리 돌아가야 해요 (역설적으로 일부러 쓰레기가 있는 곳을 확인하는 결과가 됩니다). 이렇게 되면 학교에 가는 것만으로도 고통스러워요.

또 하나의 문제는 강박증 증상이 있는 사람의 그런 모습을 보고 주위 사람들도 불편해하는 겁니다. 왜냐면 언제나 같은 말을 하고 같은 행동을 하기 때문이에요. 그리고 주위 사람이 무슨 말을 해도 변하지 않는 경우가 많아요. 물론 실제로는 본인이 가장 괴롭지만 그 고통을 다른 사람은 이해하기 힘들어요. 그래서 안타깝게도 '짜증나는 사람' 취급을 당하는 거지요.

병원에서 일하고 있는 의사나 간호사 중에도 특히 강박증 환자에 대해 어찌할 바를 모르는 경우가 있어요. 앞에서 치료자가 환자에게 일정한 감정을 갖는 '역전이'에 대해 이야기했는데 환자에 대해 '짜증난다'라고 느끼는 것도 일종의 역전이예요. 강박증 환자를 보고 있으면 치료자도 환자와 같은 상태가 되는 겁니다. 보고 있는 치료자도 '병원이라는 이 세계에서는 내가 환자를 컨트롤할 수 있지만 이 강박증 환자만은 컨트롤할 수 없다'고 생각하게 되지요.

이것은 강박증 환자의 마음속의 세계가 치료자의 마음속에 복사되고 있다는 의미예요. 강박증 환자가 "내가 살아 온 세계가 손이 더러운 탓에 파괴된다"는 불안을 느끼고 있다면, 치료자는 "내가 살아 온 세계가 이 강박증 환자가 있는 탓에 파괴된다"고 생각합니다. 즉, 치료자나 주위 사람들이 강박증 환자에게 느끼는 '짜증난다'는 마음은 원래는 강박증 환자 본인이 느끼는 기분에서 오니까요.

그래서 치료자는 이 짜증나는 기분을 스스로 잘 모니터링해야 해요. 그렇게 하지 않으면 '짜증나는 환자니까 내버려 두자'는 마음이 들 수도 있어요. 실제로 안타깝게도 강박증 환자는 미움받는 대상이 되기 쉬워요. 그러나 치료자는 그 '짜증난다'는 기분이 역전이라는 것을 이해하고 그 기분을 잘 다룰 수 있어야 해요. 그렇게 하면 환자도 치료자를 신뢰할 수 있게 됩니다. 이것은 기본적으로는 강박증 환자의 가족에게도 마찬가지예요.

왜 강박증이 생겨요?

여러 가지 설이 있지만 정신분석에서는 강박증 환자는 항문기에 고착하고 있다고 봐요. 항문기에 고착한다는 것은 배변을 하거나 참는 것처럼 자신의 능동적인 힘에 의해 세상을 컨트롤할 수 있는 상태에 머물고 있다는 의미예요. 항문기는 타인, 특히 부모에 대해 공격성이나 미움을 갖는 시기이기도 해요. 미워하는 마음을 가지고 '이 대상을 파괴하고 싶다, 더럽히고 싶다'고 생각하지만 그에 대한 반동으로 '이 대상을 나는 사랑한다, 매우 소중하다'고 생각하는 그런 양극단의 마음이 나타나요. 싫은 이미지가 나타나고 그것을 지우는 것을 몇 번이고 계속하게 됩니다.

상담을 계속해 가면 점점 복잡한 강박관념이 있다는 것이 밝혀집니다. 프로이트의 환자로 '쥐인간'이라는 사람이 있었어요. 그에게는 결혼하고 싶은 여성이 있었는데, 어느 날 그 여성이 날마다 마차로 통과하는 길에 커다란 돌이 떨어져 있는 것을 발견해요. 남자는 '그 여자의 마차가 이 돌에 걸리면 큰일이다'고 생각하여 그 돌을 길가로 치워요. 그런데 바로 다음 순간 '아까의 행동은 자연스럽지 않을 수 있겠다'고 마음을 고쳐먹고 돌을 원래의 자리로 돌려놓아요. 이런 기묘한 행동을 몇 번이고 반복하는 겁니다.

여기서 쥐인간이 취하는 행동은 돌에 걸리지 않도록 하게 하는 애정의 표현과 그 애정을 취소하고 오히려 돌에 걸리게 하는 무의식적인 증오의 표현이에요. 치료가 진행되면 이와 같은 복잡한 강박관념의 배후에 있는 문제를 서서히 다룰 수 있게 됩니다.

치료는 어떻게 해요?

오늘날에는 강박증 환자에 대해 정신분석적인 치료는 그다지 적극적으로 하지 않게 되었어요. 강박증 환자의 뇌에서 일어나는 메커니즘이 해명된 것과 함께 약이 효과를 내는 경우가 많아졌기 때문이에요. 우울증에 투여되는 약이 강박증에도 자주 사용됩니다. 이 약은 강박관념에 동반되는 불안을 완화시키고 점차로 강박관념에 휘둘리지 않게 하는 효과가 있어요. 또 인지행위요법, 특히 '노출 및 반응 억제'라는 치료법이 자주 사용돼요.

강박증 환자는 불안이 많아요. 더러운 것을 보고 싶지 않은 사람이라면 길거리의 쓰레기통을 보는 것이 괴롭다든지, 전철의 맞은편 좌석에 앉은 사람이 다리를 꼬고 앉아 있는데 그 사람의 구두 밑창이 보이는 것이 싫다든지, 부엌의 그릇 닦는 수세미를 보는 것이 힘들다든지, 불안을 일으키는 장면이나 상황은 많습니다.

'노출 및 반응 억제'에서는 우선 불안을 일으키는 장면이나 상황을 가능한 한 많이 종이에 적게 해요. 다음으로 각각의 장면이나 상황에 불안의 강도에 따른 점수를 매겨서 조금 싫은 것부터 매우 힘든 것까지, 불안이 낮은 것부터 순서대로 나열하게 해요. 그리고 가장 불안이 낮은 것부터 그 장면이나 상황에 익숙해질 수 있도록 훈련해 가요. 예를 들어 지하철 손잡이를 잡는 것이 가장 불안이 낮으면 일부러 손잡이에 닿게 합니다. 물론 손잡이에 닿으면 본인은 더럽다고 생각해 손을 씻고 싶어지겠지만 손을 씻는 행동을 꾹 참게 해요. 이와 같은 훈련을 반복하면 불안을 일으키는 장면이나 상황에 부닥쳐도 손 씻기 반응이 덜 일어나게 됩니다.

섭식장애는 먹는 것을 컨트롤하지 못하는 병이죠?

섭식장애도 자신을 컨트롤하는 것과 관련된 병이에요. 강박증은 불안을 동반해 발생하는 강박관념을 행동으로 진정시키려고 하지만 잘 진정되지 않고 악순환이 일어났지요. 섭식장애도 그것과 비슷한 부분이 있어서, 불안이 나타났을 때 그 불안을 식사행동으로 어떻게든 처리하려고 하는 병이에요. 이 둘의 차이는 강박증은 불안을 진정시킬 수가 없기 때문에 악순환이 일어나는데, 섭식장애는 식사행동으로 불안을 진정시키는 것에 일단은 성공하지만 그 성공에 동반되는 성취감이 오히려 식사행동을 악화시킨다는 점이에요.

왜 인간은 섭식장애에 걸릴까요? 잠시 인간에게 식사란 무엇인가에 대해 생각해 볼까요?

우선 인간에게 식사는 단순한 영양섭취가 아니라는 것이 중요합니다. 물론 갓 태어난 아기가 모유를 먹는 것은 본능적으로 하는 생존을 위한 영양섭취이지요. 그러나 모유라 해도 영양섭취 이외의 측면이 있어요. 예를 들어 아기는 엄마의 젖을 빠는 것만이 아니라 가끔 젖꼭지를 깨물기도 해요. 이것은 젖에 대한 공격성의 표현이라고 알려져 있어요.

이 시기 아기는 눈도 잘 보이지 않기 때문에 엄마가 한 사람의 인간이라는 것을 몰라요. 자신의 눈앞에는 '젖이 잘 나오는 좋은 젖꼭지'와 '젖이 잘 나오지 않는 나쁜 젖꼭지'라는 두 개의 다른 젖꼭지가 있다고 생각해요. 그래서 나쁜 젖꼭지가 눈앞에 있을 때는 그 젖꼭지를 자신의 적이라고 생각해서 공격할 셈으로 깨무는 거예요.

아기의 기관들이 점점 발달해서 눈이 보이게 되면 엄마는 한 사람의 인간이고, 그 엄마의 젖꼭지가 '젖이 잘 나올 때'와 '잘 안 나올 때'가 있었다는 것을 알게 됩니다. 그러면 아기는 '지금까지 나는 나쁜 젖꼭지를 공격했다고 생각했는데 실은 나에게 매우 소중한 좋은 젖꼭지도 공격했다'는 것을 알게 되어 죄책감과 우울증이 생겨요. 식사와 관련된 이런 드라마는 대개 생후 6개월 무렵에 발생한다고 해요.

프로이트에 이어 멜라니 클라인(1882~1960)을 비롯한 정신분석가들이 아이들의 마음에 대한 연구를 시작했어요. 아이들은 자유연상법 같은 언어를 사용한 치료가 불가능하기 때문에 장난감을 사용한 유희요법을 시도했어요. 그러는 가운데 아이들이 어떤 공상의 세계에서 살고 있는지를 알게 된 겁니다.

식사가 마음의 병과 연결되네요

인간에게 식사가 단순한 영양섭취가 아닌 것은 이유식과도 관계가 있어요. 이유식은 인간에게 그때까지 쾌감을 주던 젖꼭지에서 분리되는 것이어서 '상실'이고 이것도 역시 트라우마가 되는 경우가 있어요. 이처럼 타인(엄마)과의 관계에서 예전에 경험한 죄책감이나 상실감을 어떻게 처리하는지가 인간이 식사와 관련지어 고민해야 하는 과제예요. 그래서 식사는 마음의 병과 연결되기 쉬워요.

섭식장애라고 하면 사춘기 여성의 '거식증'이 유명하지만 실은 아직 말을 못하는 아이들도 거식을 하는 경우가 있어요. 무슨 말이냐면 이 단계의 아이는 부모에게 'NO'를 나타내기 위해서는 '안 먹어'라고 표현하는 수단밖에 없기 때문이에요. 이런 것을 보더라도 **인간은 영양섭취만을 위해 식사하는 것이 아니라, 타인에게 메시지를 전달하거나, 타인과의 관계를 만들거나 또는 관계를 끊기 위해 식사를 이용한다는 것을 이해할 수 있어요.** 실제로 인간에게 식사는 문화이고, 타인과 좋은 관계를 갖거나 소통할 때에도 사용됩니다.

중학생 정도가 되면 반항기가 시작되고 부모의 지배에서, 즉 부모가 만든 것을 받는 상태에서 어떻게 하면 스스로 독립할 수 있을까 하는 과제가 중요해집니다. 이 시기에 "엄마가 만든 밥 맛없어!"라는 말을 하는 경우가 있는데, 단순히 '맛없어'라는 말을 하고 싶은 것이 아니라 부모에게서 독립하고 싶은 기분을 표현하는 겁니다.

섭식장애에는 여러 패턴이 있는데 대부분의 경우 처음에는 거식부터 시작돼요. 또 압도적으로 여성이 많아서 95%가 여성이에요. 그렇기 때문에 지금부터는 여성의 섭식장애에 대해 주로 이야기할 게요.

압도적으로 여성이 많은 것은 여성들이 날씬해지고 싶어서인가요?

섭식장애의 원인에 대해서는 다양한 이론과 논쟁이 있는데, 병의 계기에 대해서는 대개 다음과 같은 것이 많아요. 중학교에서 남자 선생님이나 선배에게서 "살 쪘니?"라든지 "섹시해졌네"라는 말을 들은 것을 계기로 섭식장애가 시작되는 경우, 또는 남성이나 동성의 눈을 의식하기 시작하면서 다이어트를 하게 되고 그때부터 섭식장애가 되는 경우가 있어요.

여성은 발달 과정 중 어느 시점에 스스로 '여성의 몸으로 살고 있다'는 것을 의식하게 돼요. 정확히 말하면 이미 오랫동안 여성의 몸으로 살고 있었다는 것을 나중에야 알게 되는 거지요. 이것은 여성으로서는 두려운 일이에요. 성인 남자가 힐끗힐끗 보는 시선을 느낀 적이 있는데 예전에는 그 의미를 잘 몰랐지만, 스스로가 '나는 여자다'라고 자각하는 순간에 그 의미를 알게 되는 겁니다. 이렇듯 여성에게는 본인의 신체에 대한 의미 부여가 갑자기 변화하는 시

—— 마음은 왜 아플까?

기가 있는데, 남성에게 그런 갑작스런 변화는 거의 없어요.

섭식장애, 특히 거식증은 '성숙 거부병' 즉 어른이 되는 것을 거부하는 병이라고 알려졌던 시기가 있었어요. 최근에는 별로 사용하지 않는 표현인데 지금도 거식증 발병의 계기로 봤을 때는 어느 정도 맞는 이야기예요.

'성숙 거부'는 성적인 신체가 되지 않게 하는 것인가요?

그렇습니다. 성적인 신체가 되지 않게 하기 위해 거식이라는 방법을 사용한다고 알려져 있어요. 물론 그 배경에는 복잡한 마음 작용이 있습니다. 엄마의 젖꼭지를 상처 낸 것에 대한 죄책감이라든지, 이유식 시기의 상실감, 그리고 본인도 모르는 사이에 성적인 신체로 살고 있었다는 것에 대한 두려운 체험 등이지요. 여성은 이러한 마음 작용에서 발생하는 불안과 직면해야 하는 시기를 사춘기에 맞이하게 됩니다. 그런데 이런 것은 모두 식사와 연결되어 있어서, 마음속에서 불안을 처리하는 것이 아니라 식사행동으로 컨트롤하게 되고 그것이 거식으로 나타나는 거예요.

거식을 하면, 즉 안 먹고 있으면 실은 상당히 기운이 납니다. 이것은 옛날부터 알려진 사실인데 예를 들어 종교적인 수행으로 단식을 하면 활력이 솟는 것과 같은 이치예요. 이상하게도 공복은 일종의 상쾌감을 줍니다. 아마도 배가 고프면 사냥을 하러 가야 했던 때의 흔적이겠지요. 섭식장애 환자들은 이 상쾌감으로 사춘기에 나타난 죄책감이나 상실감을 일시적으로 달랠 수가 있어요. 그에 더해 체중 감소라는 구체적인 숫자가 보이기 때문에 자기 힘으로 숫자를 줄였다는 성취감도 얻을 수 있고요.

그러나 그것은 오래 가지는 않습니다. 그래서 다시 공복 상태가 되려고 하지요. 하지만 여러 차례 같은 일을 반복해도 원래의 죄책감이나 상실감은 남아 있어서 그것을 쭉 계속하지 않으면 안 되게 돼요. 이렇게 식사행동으로 자신을 컨트롤하는 것에 빠져 버리는 거예요.

그것만이 아니에요. 먹지 않는 행위는 본인에게 소중한 타인(예를 들어 엄마)에 대해 'NO'를 표현하는 것이기도 해요. 정치적인 항의 수단으로 단식투쟁을 하는 경우가 있지요. 이런 방식은 '목숨을 건 영웅'이라는 의미를 부여할 뿐만 아니라, 주변의 관심을 끌기도 좋아요. 그 밖에도 수많은 매체에서 '마른 것이 아름답다'는 정보가 넘쳐나지요. 거식은 그 이상형인 마른 체형이 되어 가는 것이기도 하기 때문에 그것이 주는 쾌감에도 빠지게 됩니다.

이렇게 거식을 계속하는 사이에 몸은 기아 상태가 되어 가요. 그렇게 되면 몸이 SOS를 보내서 과식충동이 나타납니다. 몸이 "이제 한계에 다다랐으니 많이 먹어라!"는 지령을 내보내는 거예요. 이

충동은 본인의 의지로는 억제할 수 없어서 결국 과식을 하게 돼요. 그러면 공복의 상쾌감도 없어지고 반대로 위가 무겁고 고통스러워져요. 또 '목숨을 건 영웅'도 아니게 되어 버려요. 몸도 '말랐다'는 이상형과 거리가 멀어집니다. 이렇게 되면 다시 거식으로 폭주하게 되고 그 결과 또 과식을 하게 돼요.

이러한 거식 → 과식 → 거식 → 과식의 과정이 되풀이되는 것이 섭식장애에서 가장 흔히 볼 수 있는 패턴이에요. 처음에는 거식만 하던 것이 서서히 거식과 과식을 반복하게 되지요. 어느 단계든 병이 유지되는 시스템은 쾌감과 불쾌감의 자기 컨트롤에서 발생합니다. 그래서 과식 그 자체를 컨트롤하려는 사람들도 생겨나요. 즉, 과식한 것을 본인의 의지로 토하는 거예요. 흔히 말하는 '먹고 토하기'입니다.

너무 괴로울 것 같아요

괴롭지만 본인이 스스로를 컨트롤하는 것에 대한 쾌감이 강한 것 같아요. 섭식장애 환자들은 토하기 위해 손가락을 목 깊은 곳까지 집어넣기 때문에 손가락 시작 부분에 토하다 생긴 상처가 생길 수 있어요. 구토를 하면 위액이 입 안으로 역류하기 때문에 구토를 반복하면 치아가 점점 녹습니다. 그래서 심한 섭식장애 환자는 치아가 망가진 경우가 많아요. 또 음식물을 입에 넣고 씹기만 하고 뱉어 내는 사람도 있어요. 이것도 위산이 과도하게 분비되고, 뇌는 식사를 했다고 생각하는데 몸에는 영양이 전달되지 않는, 뇌와 몸이 모순된 상태를 만들기 때문에 대단히 몸에 나빠요.

과식을 하는 사람은 먹는 양이 많아집니다. 토하게 되면 더 많아져요. 이렇게 되면 도둑질을 하는 사람도 있어요. 과식을 하기 위해 물건을 훔치는 겁니다. 이것은 섭식장애 증상의 일부로 볼 수도 있고, '도벽'이라는 다른 병으로 볼 수도 있는데 둘 다 자기컨트롤을 한다는 점에서 뿌리가 같다고 볼 수 있어요.

거식과 물건을 훔치는 것이 공통점이 있다고요?

거식이나 구토로 쾌감을 얻는다는 것은 그때까지 막혀 있던 긴장 상태에서 단숨에 해방된다는 의미예요. 점점 긴장과 해방의 격차를 즐기게 되는 겁니다. 도둑질도 훔치기 직전에는 상당히 긴장하지요. '누가 보고 있을지도 몰라', '붙잡힐 수도 있어' 하며 긴장감이 높아지지만, 성공한 후에는 '휴~' 하며 해방됩니다. 이 격차에 빠지는 거예요.

섭식장애는 바디 이미지에도 장애를 일으켜서 실제로는 비쩍 말랐는데도 '나는 뚱뚱해'라고 생각해요. 재미있는 것은 거울로 볼 때

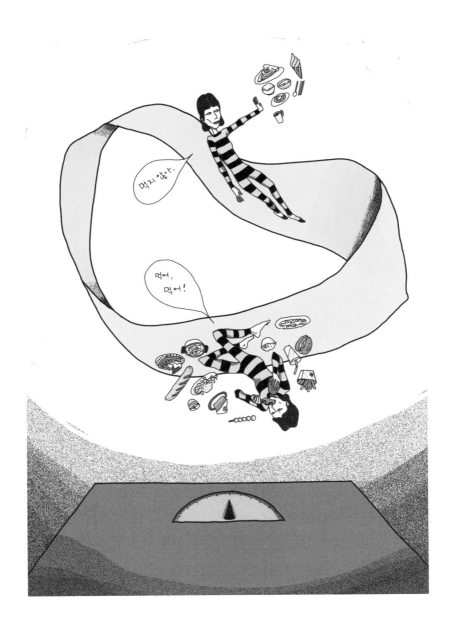

는 본인의 모습을 '뚱뚱하다'고 하다가, 거리를 걷다 쇼윈도에 비친 자신의 모습을 우연히 보는 경우처럼 어딘가에서 문득 스치듯이 본 본인의 모습에 대해서는 '해골 같아서 끔찍해'라고 생각한다는 거예요.

거울로 보는 것처럼 능동적으로 본인의 모습을 볼 때는 아마도 한 부분만을 집중적으로 보거나, 연출된 것처럼 특수한 모습을 비추는 것일 수 있어요. 실제로 섭식장애 환자 대부분이 "얼굴의 이 부분이 살쪘어"라는 식으로 지극히 세밀하고 구체적인 부분을 이야기해요. 구토를 반복하면 타액선이 발달해 얼굴이 부어오르는데 그것을 "살쪘어"라고 하는 사람도 있습니다.

어떻게 치료해요?

치료에는 여러 방법이 있어요. 인지행동요법은 환자가 하는 자기컨트롤을 보다 강력하게 할 수 있게 하는 치료예요. 정신분석의 영향을 받은 치료법으로는 환자의 자기컨트롤에 의해 감춰져 있는 불안 등의 문제를 다루는 방법이 있고요.

주의해야 하는 것은 강박증 환자에 대해 치료자의 역전이가 발생하는 것과 매우 흡사한 현상이 섭식장애에서도 일어날 수 있다는 점이에요. 섭식장애 환자가 칼로리나 체중이라는 숫자를 지나치게 의식해서 세상이 숫자투성이가 되어 버리는 것과 마찬가지로, 치료자도 숫자에만 주의를 기울이게 될 수가 있어요.

예를 들어 환자가 "몇 킬로 이상 나가는 몸은 싫어", "하루에 몇 칼로리 이상은 절대 먹지 않겠어"라고 주장하는 것에 대해 치료자가 "건강을 유지하기 위해서는 몇 킬로 이상은 필요합니다", "하루에 몇 칼로리 이상은 반드시 먹어야 해요"라는 등의 지시를 하게 되는 경우가 있는 거예요.

섭식장애는 그 병이 유지되는 측면을 보면 자기컨트롤과 관련된 병이라고 할 수 있지만, 병이 시작되는 구조를 보면 타인과의 관계가 매우 중요한 마음의 병이에요. 그런데 타인과의 관계를 무시하고 숫자에만 주목한다는 것은 병의 시작을 보지 않고 뚜껑을 덮어 버리는 것과 같아요.

섭식장애 환자는 점점 타인과 함께 식사를 하지 않게 됩니다. 병에 걸리기 전에는 친구와 점심을 먹으러 가기도 했는데 그런 일들을 전혀 하지 않게 되는 거예요. 철저히 혼자 먹게 되면서 식사가 갖는 문화적인 가치나 타인과 관계를 갖는 측면이 사라져 버립니다.

숫자 이야기만 하면 안 되는군요

물론 최소한의 숫자는 말해야 할 때가 있어요. 섭식장애로 죽음에 이르는 경우도 있고 월경이 멈춰 버리는 경우도 있어요. 아이를 낳을 수 있는 시기를 무월경 상태로 끝내는 것은 본인의 인생에 커다란 영향을 미칩니다. 그래서 의학적인 관리가 필요하고, 입원해야 하는 경우도 적지 않아요.

생명의 위험이 있을 때는 코에 튜브를 넣어 강제적으로 영양을 섭취시켜야 하는 경우도 있습니다. 스스로 먹을 수 있게 되어도 음식을 감추거나 화장실에 버리고 먹은 것처럼 하는 경우도 있어서 최소한의 체중에 도달하지 못할 때도 있어요. 중증의 경우 치료가 매우 어려워요.

의사는 하루에 필요한 최소한의 칼로리에 대해 생각해야 하기 때문에 아무래도 숫자 이야기를 하게 되지요. 만일 상담 시간의 절반 이상을 숫자 이야기에 할애했다면 그것은 환자가 하고자 하는 자기컨트롤에 의사의 컨트롤을 더하는 결과가 됩니다. 이런 문제를 해결하기 위해서 복수의 치료자가 그룹을 만들어 치료하는 방법도 있어요. 의료진 중 한 사람은 영양관리자가 되어 숫자를 기반으로 하는 신체적인 면의 관리를 하고, 또 한 사람은 정신요법만을 하는 겁니다.

숫자가 아닌 측면, 예를 들어 '지금까지 어떤 식사 장면이 기억에 남아 있는지' 등의 이야기를 듣다 보면 "식사 때 아버지에게 심하게 야단맞은 적이 있어서 그 장면이 머리에 남아 있어요" 등과 같이 식사와 죄책감, 불안의 관계가 어떻게 얽혀 있는지 명쾌해지는 경우가 있어요. 그런 이야기를 할 수 있게 되면 드디어 치료자는 환자의 마음을 다룰 수 있게 됩니다. 그러면서 거식이나 과식 같은 방법을 사용하지 않아도 살아갈 수 있는 상태를 함께 모색하게 되지요. 이것이 섭식장애의 회복에서 중요한 점이에요.

5

다른 사람이 무섭다 – 사교불안장애
학교에서 따돌림당한다 – 왕따

사교불안장애는 사람을 만나는 것을 두려워하는 병이죠?

네, 예전에는 '대인기피증'이라고 불리던 병으로 우리에게 매우 가까운 병이에요. '대인기피'이기 때문에 다른 사람을 만나거나 이야기를 나누는 것을 무서워해요. 많은 사람들과 함께 식사를 하거나 사람들 앞에서 이야기를 해야 하는 상황을 두려워하는 거지요. 이상태가 되면 학교나 직장에 갈 수 없게 되거나 가더라도 활동에 매우 제약이 생깁니다.

사교불안장애는 여러 종류가 있어요. 얼굴이 붉어질까 봐 두려워하는 '적면공포'처럼 자신의 신체적 특징에 관해 대인공포를 가진 사람들이 있습니다. 사람들 앞에서 얼굴이 붉어지는 것에 대한 불안감이 강해서 사람들 앞에 나설 수 없게 되는 병이에요. 또 '내 몸에서 나는 냄새가 남들에게 악취로 여겨지는 것은 아닌지'라고 걱정하는 '체취공포'라는 것도 있어요. 본인은 잘 못 느끼지만 주변 사람들의 반응을 보고 자신에게서 악취가 난다고 생각해서 사람들 앞에 나서지 못하게 되는 거예요. '자기시선공포'라는 것도 있는데, 남들에게 보이는 것이 무서운 것이 아니라 '내가 상대를 노려봤다고 상대가 생각하는 것'이 무서운 병이에요. '추형공포'는 자기의 얼굴이나 모습이 매우 이상하다고 생각해서 다른 사람들에게 자기 모습을 보이는 것을 싫어하는 병이에요. 이 밖에도 낮잠을 자다가 잠꼬대를 하는 것은 아닌지 두려워하는 '잠꼬대공포', 혼잣말을 하는 것은 아닌지 두려워하는 '독음공포', 말을 더듬는 것이 두려운 '흘음공포'라는 것도 있어요.

사교불안장애 환자들은 어떤 식으로 사람과 교류하는 것을 두려워할까요? 대부분 매우 비슷한 체험을 해요. 예를 들어 체취는 자신에게서 냄새가 나가서 상대에 전달되는 구조를 띠고 있지요. 이 밖에도 얼굴이 빨갛다면 '빨간 얼굴', 혼잣말이라면 자신의 혼잣말이 자신으로부터 나가서 자신도 모르는 사이에 상대에게 전달되는데, 그것이 자신에게는 확실하게 보이지 않아요. 사교불안장애, 특히 자기 신체와 관련된 대인공포에는 이런 공통된 구조가 있어요.

자신만 모른다고 생각하면 두려울 것 같아요

네, 자기 얼굴이 새빨갛다는 것은 어렴풋이 감각으로 알지만 그 순간에 얼굴을 거울로 보는 것이 아니기 때문에 어느 정도 붉은지 본인은 모르죠. 잠꼬대도 어떤 잠꼬대를 하는지 스스로는 모릅니다. 그러나 타인에게는 확실하게 보이거나 들려요. 붉은 얼굴이나 잠꼬대, 체취 등은 자신에게서 나가 버리면 되돌릴 수 없어요. 얼굴이 빨개진 것이 상대에게 전해지면 그것을 본 타인에겐 그 빨개진 얼굴이 원래 모습이고 그것을 지울 수는 없어요. 흘음공포도 마찬가지예요. 말을 한 번 더듬으면 그 말은 취소할 수 없게 되고, 그 말이 상대방에게 본래의 나 자신을 나타내는 것이 되어 버리니까요.

남들이 자기 자신에 대해 되도록 좋게 생각하기 바라는 것은 모두의 마음이지요. 그런데 그것이 불가능하게 되는 겁니다. 자신이 컨트롤할 수 없는 무언가가 자신의 의지와는 관계없이 표출되어 남들에게 싫든 좋든 전해지고, 게다가 그것이 상대방에게 나의 본 모습이 되어 버리는 공포입니다. 주위 사람들은 "얼굴이 빨개지는 것 따위 신경 쓰지 않아도 돼"라고 말할 수 있겠지만, 스스로에게는 악몽이나 다름없지요. 자신의 모습이 주변에 어떻게 비쳐지는지 전혀 컨트롤할 수 없기 때문이에요.

그렇지만 곰곰이 생각해 보면 타인이 나를 어떻게 생각하는지는 스스로 컨트롤할 수 없는 것이 당연해요. 오히려 '나는 누구인가'는 타인을 통해 비로소 알 수 있습니다.

타인을 통해 안다고요?

'타인을 통해 나 자신을 안다'는 것은 인간이 자신에 대해 알게 되는 기본적인 구조예요. 아기가 처음으로 거울에 비친 자신의 모습을 보았을 때 처음에는 무엇을 보고 있는지 모를 수 있어요. 그때 자기 뒤에 눈에 익은 부모가 있어서 "OO가 여기 있네"라고 말해주면 "이것이 나인가?"라고 이해할 수 있게 되지요.

말도 그래요. 말을 아직 모르는 시기의 아기는 불쾌감을 느끼고 "응애~" 하고 웁니다. 그것이 엄마에게 전달되면 엄마는 "배고프구나", "기저귀가 젖어서 불편해?" 등의 해석을 해서 "배고파서 울었구나", "기저귀가 젖어서 울었구나"라는 식으로 판단해요. 아기는 잘 모르는 불쾌감으로 울었기 때문에 이때의 "응애~"의 의미는 분명하지 않아요. 그런데 엄마가 개입해서 비로소 '배가 고파서 불쾌'라든지 '기저귀가 젖어서 불쾌'라는 식으로 그 의미가 정해지는 것이죠. 아기는 엄마라는 타인을 통해 자기가 무엇을 말하려고 했는지를 알게 되는 겁니다. '타인을 통하지 않으면 내가 누구인지조차 모른다'는 것은 인간의 모든 커뮤니케이션의 기초가 되는 구조예요.

더 알기 쉽게 설명해 주세요

이것을 인간의 성장에 적용시켜 보면 이렇게 되지요. 남자아이라면 초등학교 고학년이나 중학생 정도일 때 "내가 입고 있는 옷이 촌스럽지 않을까?"라는 생각이 퍼뜩 드는 순간이 있지요. 그때까지는 그저 엄마가 사 주는 옷을 입으며 아무 생각이 없었는데, 어느 순간 문득 "친구들은 자기들이 옷을 사는 것 같은데, 엄마가 사 오는 옷을 입는 것은 나뿐인지 몰라", "내 옷은 촌스러울 거야"라고 생각하기 시작하는 겁니다.

있는 그대로의 자신이 있고, 그에 대해 "촌스럽지 않아?"라고 말하는 타인을 의식함으로써 처음으로 용기를 내어 옷을 사러 가게 됩니다. 그러면 본래의 자신은 타인을 통해 처음으로 촌스러운 자신의 본질을 알고 그것을 극복할 수 있게 되는 거지요. 물론 그렇게 해서 스스로 옷을 사러 가게 된 이후에도 또 새로운 타인이 나타나 "네가 산 옷이 더 촌스럽지 않아?"라고 해서 또 다음의 행동을 해요. 그런 반복을 통해 인간은 성장합니다.

타인과의 만남을 통해 성장한다는 건가요?

'동족혐오', 즉 인간은 자신과 비슷한 상대를 싫어한다는 말이 있는데, 자신에 대한 적으로 등장하는 타인 안에는 자신의 본질이 있는 경우가 많아요. 타인을 통해 자신을 아는 것은 인간의 경험의 근간이 되는 구조인데, 사교불안장애 환자들은 그 구조를 지나치게 의식하게 된 사람들이라고 할 수 있어요. 어떤 의미에서는 평범한 사람들이 이 구조를 못 느낄 뿐이고, 사교불안장애 환자들이 진리에 가깝다고 할 수 있어요. 그렇다고는 해도 사교불안장애는 힘듭니다.

사교불안장애는 크게 두 가지 타입이 있어요.

첫 번째는 유소년기부터 대인공포증이 있어서 사람들을 피해 숨거나 눈에 띄는 곳에 나가지 않는 생활을 계속해 온 은둔형 타입이에요. 사람들 앞에 나서는 것을 용케도 피해 왔지만 어느 시점에서 도저히 피할 수 없는 상황에 맞닥뜨립니다. 학교에서 발표를 해야 한다거나 직장의 회의에서 이야기를 해야 하는 상황이지요. 이런 패턴의 사람들은 어느 순간 지금까지 '피하는' 노력이 물거품이 됐을 때 발병하는 경우가 많아요.

두 번째는 스스로 적극적으로 사람들 앞에 나서는 것을 무리하게 하려는 타입이에요. 방어책을 써서 선제적으로 학생회장이 되거나 하지요. 먼저 타인에 대한 주도권을 쥐려고 하는 거예요. 이 작전은 어느 정도는 성공하지만 어딘가에서 순조롭게 풀리지 않게 되면 그때 발병합니다.

어느 쪽이든 지금까지 열심히 해 온 노력이나 대처 행동이 순조롭게 진행되지 않고 돌발 상황에 맞닥트렸을 때 발병하는 경우가 많아요.

공황장애와는 어떻게 달라요?

사교불안장애 환자들은 본인에게 어떤 일이 일어나고 있는지, 왜 불안해지는지를 잘 알고 있는 사람들이에요. 그에 반해 공황장애는 불안이 왜 일어나는지 스스로가 잘 모르는 병이에요. 이 병은 어느 날 갑자기 강한 심장 박동이 일고, 호흡이 곤란해지고, 식은땀이 흐르고, 가슴 통증이 있어서 이러다 죽는 것은 아닌지 하는 생각마저 드는 발작입니다.

공황장애 환자의 대부분은 최초 발작이 일어나기 전까지 만성적인 스트레스나 심리적 부담이 많은데, 자신의 마음이 어떻게 작동되는지를 그다지 의식하지 않는 사람들이 이 병에 많이 걸리는 것 같아요. 그래서 발작을 일으킬 정도가 되기까지 충분히 쉴 필요를 못 느끼게 됩니다. 또 최초의 발작이 있어도 그것을 자신의 마음의 상태와 관계가 있다고 생각하는 사람은 별로 없어요.

발작을 경험한 사람들 대부분은 처음에는 내과에 갑니다. 물론 몸의 병이 아니라 마음의 병이기 때문에 내과에서 심전도 검사 등을 해도 이상은 발견되지 않아요. 그래도 납득할 수 없어서 다른 내

▶ **사교불안장애와 공황장애의 차이**

	사교불안장애	공황장애
불안의 이유에 대한 인지	본인이 왜 불안해지는지 잘 알고 있음	본인의 불안이 왜 일어나는지 잘 모름
병이 나타나기 쉬운 사람의 특성	타인을 통해 자신을 알게 되는 소통의 구조를 지나치게 의식하는 사람들에게 많이 나타남	최초 발작이 일어나기 전 만성적인 스트레스 등으로 마음이 힘들었는데 의식하지 못하는 경우가 많음

과에 가는 사람도 있어요. 거기서도 아무런 이상이 없다는 말을 들으면 '어쩌다 우연히 이런 증상이 있었구나'라고 생각하고 넘기지만 며칠 후에 같은 발작이 또 일어납니다. 이 두 번째 발작으로 아무래도 이상하다고 생각해서 정신과에 갈 결심을 하는 사람이 많아요.

원인도 모르면서 발작을 일으킨다면 공포네요

그래서 두 번째나 세 번째 발작을 일으킬 무렵에는 "또 발작이 일어나면 어떻게 하지" 하는 불안이 생깁니다. 자동차 운전을 하다가 같은 발작이 일어나면 사고를 일으킬 위험이 있고, 지하철을 타고 있을 때 발작이 일어나면 곤란하지요. 그래서 발작이 무서워 지하철도 급행은 못 타고 모든 역에 정차하는 열차밖에 못 타는 사람도 있어요. 백화점이나 마트 등을 피하는 사람도 있고요. 이런 장소는 즉시 밖으로 나갈 수 없고 사람이 많기 때문에 발작으로 고통받고 있는 자신의 모습이 많은 사람에게 보여지는 것도 싫지요. 그래서 그런 곳은 두려워서 못 가게 됩니다. 이처럼 사회적인 활동에 제약을 받는 상태를 '광장공포증'이라고 해요.

사교불안장애나 공황장애는 비교적 약이 효과가 있어요. 우울증이나 강박증에 투여하는 것과 같은 약이 주로 사용돼요. 또 강박증과 마찬가지로 불안 때문에 할 수 없는 일들을 점수로 매겨서 가장 불안감이 적은 것부터 극복해 가도록 하면 상당히 개선됩니다.

왕따와 놀림은 어떻게 달라요?

왕따 문제가 어려운 것은 왕따와 놀림을 구분하기 어려운 경우가 있어서예요. 실제로 놀림에서 왕따로 이어지는 경우가 많습니다.

정신과 의사인 나카이 히사오의 「왕따의 정치학」이라는 유명한 논문에 따르면 왕따를 구분하는 포인트는 '상호성이 있는지 없는지'라고 해요. 예를 들어 하굣길에 자기 가방을 다른 아이에게 들게 하는 일이 있지요. 이 경우에도 '오늘은 내가 들었으니 내일은 다른 사람이 든다'라면 상호성이 있어요. 그런데 항상 특정한 사람에게 강요하게 되면 '왕따'인 거예요. 나카이 선생은 왕따는 3단계로 진행한다고 말해요.

우선 첫 번째는 '고립화'시키고, 다음으로 '무력화', 마지막으로 '투명화'시키는 3단계이지요. 나카이 선생이 어렸을 때 왕따를 당한 경험이 있어서 자기 관찰을 통해 이 3단계를 도출했다고 해요.

맨 먼저 '고립화'는 왕따의 목표물을 만드는 겁니다. 가해자는 목표물의 사소한 특징을 물고 늘어져요. 인간은 누구나 다양한 버릇이 있기 때문에 특징적인 말투나 몸짓은 누구에게나 있는데 그것을 들춰서 과잉으로 흉내를 내거나 하는 거예요. 그러면서 '이 목표물은 이렇게 특이한 녀석이다'라고 낙인을 찍는 겁니다. 이 단계에서는 학급의 친구들도 특별히 왕따라고 생각하지 않아요. "그런 특징이 있기는 하지" 정도의 동조를 하는 경우가 많아요. 경우에 따라서는 선생님도 동조합니다. 왕따의 시작 단계이기 때문에 선생님도 전혀 왕따라고는 생각하지 않기 때문이에요.

목표물을 정하고 뭔가 하나의 특징을 물고 늘어지는 것은 표적이 된 당사자에게 '나는 이런 특징이 있으니 왕따를 당해도 어쩔 수 없어'라고 생각하게 하는 효과가 있어요. 누구에게나 버릇이 있는데 한 명만 목표물이 되어 버리는 사실에 의해 왕따의 시작 단계에서 '어쩔 수 없다'고 스스로 받아들이게 되는 겁니다. 이렇게 되면 언제 그 특징으로 놀림을 당할지 모르게 되어 목표물이 된 학생은 늘 잔뜩 긴장한 상태로 지낼 수밖에 없지요. 주변이 항상 나를 주목하고 있다는 것을 지나치게 의식하게 되는 겁니다. '사교불안장애'와도 비슷해요. 이것이 고립화 단계입니다.

덧붙이자면 왕따는 자연발생적으로 시작되기도 해요. 뭔가 남의 특징을 들추는 것은 모두 좋아하는 일이고 실제로 해 보면 재미있다고 생각하는 사람이 많기 때문이지요. 누군가에게 '별명을 붙인다'는 것은 그 사람의 특징을 들춰내서 거기에 이름을 붙이는 거예요. '모두 어렴풋이 알고 있었지만 말로 확실하게 할 수 없었던 것'을 언어로 확실하게 낙인을 찍는 겁니다. 그리고 일단 그런 특징이 드러나게 되면 그 특징만 눈에 띄게 되지요.

유쾌하지 않은 별명이 나에게 붙는다니 너무 싫어요

별명을 붙이는 것은 정말이지 모든 것을 바꿔 버릴 수가 있어요. 호칭은 지금까지 전혀 보이지 않던 의미를 선명하게 떠오르게 할 수 있습니다. 이것은 어떤 사물 또는 인물, 사건에 단지 하나의 새로운 의미를 부여하는 것이 아니라 오히려 모든 의미의 배치를 바꾸는 거예요. '수수께끼', '왕자님'이었던 사람이 무슨 생각을 하는지 알수 없는 '스토커'가 되어 버려요. 이처럼 상대방을 어떻게 부르는지

—— 마음은 왜 아플까?

에 따라 모든 의미는 철저히 바뀔 수 있어요.

인간의 세계는 실은 이름을 붙임으로써 풍요로워지기도 합니다. 만일 반려동물에게 이름을 붙이지 않으면 애정을 가지고 대하기가 어렵겠지요. 그러나 **이름을 붙이는 것을 어떻게 하느냐에 따라 왕따를 시키는 첫 고리가 되기도 합니다.**

왕따의 다음 단계는 '무력화'예요. 고립만 당했다면 목표물이 된 사람은 가끔 반항하려고 합니다. 얻어맞았을 때 반항한다든지 선생님이나 부모님에게 말하든지 하겠지요. 무력화는 반항하는 것은 무의미하고, 반항해도 소용없다는 것을 철저히 주입시키는 단계예요. 가해자들은 왕따 목표물에게 '이것은 우리끼리의 문제니까 어른을 개입시키는 것은 비겁하다'는 것을 규칙으로 받아들이도록 강요해요. 게다가 가해자는 반복적으로 폭력을 휘두르며 목표물을 공격해서 반항할 수 없는 상태로 만들어요. 심리학 용어로 '학습된 무기력'이라는 말이 있어요. 여러 차례 노력해도 소용없다는 경험이 계속되면 스스로를 무력하다고 생각해서 저항하지 않게 되는 것을 말하지요.

계속해서 힘들게 하면 스스로 가치 없다고 느낄 것 같아요

무력화 단계에서는 왕따를 하는 가해자 쪽은 목표물에 대해 모든 것을 파악하고 있는데, 피해자인 나는 가해자에 대해 잘 모른다는 열등감을 갖게 되어 점점 자기 자신을 가치 없는 존재로 생각하게 됩니다. 그 결과 점점 더 '나는 왕따를 당해도 어쩔 수 없어'라는 마음이 되는 거예요.

마지막으로 '투명화' 단계에서는 왕따는 계속되고 있는데 투명 인간처럼 보이지 않는 존재가 돼요. 예를 들어 가해자들은 왕따 목표물과 친한 친구처럼 연출하여 남들에게는 같이 노는 것처럼 보이게 해요. 선생님이 보지 않는 곳에서는 끔찍한 짓도 하지만 보이는 곳에서는 친한 친구처럼 구는 거예요. 이 단계가 되면 피해자는 학교에서의 모든 인간관계가 자신을 괴롭히는 가해자와의 관계로 됩니다.

학생은 학교에서의 인간관계가 거의 전부이므로 집에 돌아가도 끊임없이 왕따를 의식하게 되고, 여행을 가도 어디선가 가해자들이 보고 있는 듯한 느낌이 들기도 해요. 가끔 왕따가 없거나 별로 왕따를 당하지 않는 날이 있으면 그것이 '은혜를 입은' 것처럼 생각됩니다. '오늘 저 녀석이 친절했어'라는 식으로요. 이렇게 되면 자기 자신이 왕따의 피해자라는 것 자체를 잘 모르게 됩니다.

피해자가 아니라고 생각한다고요?

일반적으로 피해자는 정상적인 대인관계에서 뭔가 피해를 입었기 때문에 '나는 피해자다'라고 아는 것인데, 비정상적인 대인관계밖에 없을 경우에는 자기 자신에 대해 '피해자'라고 생각하지 못하게 돼요. 학대도 마찬가지인데 '나는 학대당하고 있다'라고 생각할 수 없는 상태에 처해 있는 사람들도 있어요. 이 상태가 되면 상처가 발견된다든지 부모의 지갑에서 돈을 훔치는 것을 들켜서 겨우 주변의 어른들이 왕따를 알아차리게 됩니다. 그래서 "학교에서 왕따당했니?"라고 묻지만 이때에는 스스로를 피해자라고 생각하지 않기 때문에 "그렇지 않아"라고 대답하는 경우가 많아요. 또 어른들을 개입시키면 안 된다는 생각을 주입받았기 때문에 부모님이나 선생님께 말할 수 없게 되지요.

부모님의 지갑에서 돈을 훔치는 것은 물론 왕따 가해자가 돈을 요구했기 때문이에요. 처음에는 자신의 세뱃돈이나 용돈에서 주지만 그것으로 부족해지면 부모님의 돈을 훔치거나 절도를 하는 등 온갖 고생을 해서 돈을 모읍니다. 가해자는 그것을 눈 깜빡 할 사이에 써 버리지요. 받은 돈을 태워 버리는 경우도 있어요. 자신이 온갖 고생을 해서 모은 돈을 한순간에 써 버리거나 태워 버리는 것을 보며 피해자는 가해자와의 압도적인 힘의 차이를 확인합니다. 그렇게 되면 자신이 하고 있는 일이 무엇인지도 모르게 돼요.

주변의 어른들은 "졸업할 때까지만 참으면 돼!"라고 말하기도 하지만, 학생 때의 1년 또는 2년은 영원한 것처럼 느껴지는 긴 시간입니다. 그래서 피해자는 "나에게는 절망적인 인생밖에 남지 않았어", "죽고 싶다"라고 생각하게 돼요. 자신에겐 왕따 가해자와의 관계밖에 없기 때문에 인간관계 그 자체에서 탈출하지 않으면 안 되게 되는 거지요. 결국 지금의 상황에서 벗어나기 위한 방법은 "자살밖에 없어"라고 생각하게 되는 겁니다.

안타깝게도 실제로 자살하는 경우도 있지만 많은 사람들이 '자살을 공상하는 것'으로 어떻게든 왕따를 견디고 있기도 해요. '절망밖에 없는 세계지만 자살하면 이 세계의 밖으로 나가게 된다', '출구가 없는 것처럼 보이지만 출구가 있다'는 것이 마지막 구원이 되는 것이지요.

최악의 상황이지만 그 마음은 알 것 같아요

유서를 어떻게 쓸까를 생각하는 사람도 꽤 있어요. '유서에 그 녀석들의 이름과 했던 짓을 전부 쓰면 그 녀석들에게 상처를 줄 수 있어'라는 공상이지요. 나도 가해자에게 제대로 반항할 수 있다는 마지막 마음의 여유이기도 합니다. '죽음으로 반항할 수 있다'는 가능성을 마음 한구석에 둠으로써 어떻게든 살아 내는 겁니다.

고립화-무력화-투명화로 가는 왕따의 3단계는 마음의 병에 걸린 사람들이 주변에서 받는 차별과도 비슷한 부분이 있어요. 마음의 병이 있으면 다른 사람과 조금 다르다는 것을 지적받게 되지요. 그러면 '나는 주변 사람과 다른 취급을 받아도 어쩔 수 없다'고 스스로 생각하게 돼요. 이것은 '고립화'지요. 다음으로 노력을 해도 고립되어 있는 탓에 주변 사람들에게 인정받지 못하고 '무력화'돼요. '투명화' 단계에서는 "다른 사람들도 모두 힘들어. 힘든 건 모두 마찬가지야"라는 말을 들으며 자신의 정체성조차 빼앗기게 됩니다.

예를 들어 우울증에 걸린 사람이 회사에서 환자 취급을 당하고 주변에서 따돌림을 당한다고 해요. 그러면 그 사람은 "나는 환자이기 때문에 냉대를 당해도 어쩔 수 없어"라고 생각해 버려요. 다음으로 "저 사람, 좀 아픈 것 같으니 업무를 주지 말자"라는 말을 듣거나 "일을 잘못해도 할 수 없지 뭐"라는 말을 듣고 무력해지지요. 마지막으로 "힘든 건 모두 마찬가지야"라는 말을 듣게 되면 직장에서 열심히 하려고 해도 더 이상 열심히 할 수가 없게 됩니다.

어떻게 왕따에서 벗어날 수 있어요?

반드시 왕따를 멈추게 할 수 있는 방법은 안타깝지만 없어요. 그러나 분명히 해 두어야 하는 것은 왕따 가해자가 만 14살이 넘었다면 그 행위에 따라 형법에 의해 처벌받을 수 있다는 점이에요. 왕따는 왕따를 당한 사람이 나쁜 것이 아니라 왕따를 시킨 가해자가 나쁜 겁니다. 설령 법에 의한 범죄행위가 아닌 경우라도 학교는 학생이 안심하고 학교에서 생활할 수 있는 환경을 갖출 관리책임이 있기 때문에 왕따를 당하는 사람은 전혀 잘못이 없어요. 학교의 관리책임 문제는 빼놓고 왕따로 규정하면 문제의 본질을 흐리게 됩니다. 이렇게 되면 거기에는 '왕따를 당하는 쪽에도 원인이 있을 수 있다'는 그럴 듯한 이야기가 섞여서 사태의 본질을 볼 수 없게 만들어 버려요. '교내 상해 사건'이나 '학교의 관리책임 방기'로 규정지으면 사태는 달리 보이게 됩니다.

'나는 피해자다'라고 규정하는 것이 중요하겠어요

그렇지요. 왕따를 당하는 당사자는 우선 '내가 잘못한 것이 아니다'라는 것을 확실하게 의식해야 합니다. 그리고 가해자가 하는 일의 증거를 꼼꼼히 모아야 해요. 녹음이나 촬영도 좋고, 노트에 날짜를 적어서 기록하는 것도 좋아요. 그렇게 하면 객관적인 증거가 될 수 있어요.

주의해야 하는 것은 학교나 교육청은 왕따가 있다는 것을 인정하는 것에 소극적인 경향이 있다는 점이에요. 가해자를 출석 정지시키면 끝날 것 같지만 실제로는 그렇게 되지 않습니다. 왜냐하면 학교는 왕따당하는 학생의 권리를 보장해야 하는 것은 물론, 왕따의 가해자가 갖는 '교육을 받을 권리'도 보장해야 하기 때문이에요. 그런 제약이 있기 때문에 왕따에 대해 그다지 열심히 대응하지 않는 경우가 있어요. 그래서 상담할 경우에는 복수의 선생님에게 상담하는 것이 좋습니다. 또 증거를 가지고 있으면 학교나 교육청이 움직이지 않아도 경찰에 피해 신고를 하거나 민사재판을 제기할 수도 있어요.

가해자를 반격할 수단이 나에게 있는 상태를 만드는 것, 이것은 왕따 피해자가 자신의 자존감을 잃지 않기 위해 매우 중요한 일이에요. 실제로 반격을 할지 말지는 별개로 하고 '반격할 수단을 가지고 있다'고 생각하는 것만으로도 의미가 있어요. '나에게는 왕따 상황에서 벗어날 수 있는 힘이 있다'는 생각 자체가 효과를 발휘하는 겁니다. 또 '청소년 상담 센터'나 '학교 폭력 SOS' 등에 전화나 메일로 상담할 수 있으니 기억해 두기 바랍니다.

사람들은 왜 왕따를 하나요?

어린 시절에는 친구를 만든다든지 편을 짜는 행동을 하는 시기가 있어요. 학교 선생님의 말씀을 듣기만 하는 상태에서 벗어나 자신들만의 주체성을 만드는 시기인데, 그럴 때 '우리가 함께 나쁜 짓을 하고 있다'는 것을 친구들 사이에서 서로 확인하는 일이 일어납니다. 또 친구를 만든다는 것은 '나와 비슷한 사람들끼리 어울리는' 것이기 때문에 '우리와 조금 다른 사람'을 찾아내는 것에 매우 열심인 경우가 생기는 거지요.

왕따는 학급 내에서 방관자가 많을 때 악화됩니다. 왕따를 고발하면 다음에는 내가 목표물이 될지 모른다는 공포가 생기지요. 그런 의미에서 왕따의 책임은 학급 전원에게 있다고도 할 수 있어요.

그래도 어떻게 그런 심한 일을 할 수 있는지 모르겠어요

'별명을 붙여 규정하는 것'은 그런 것을 가능하게 하는 힘이 있어요. 어떤 사람을 '인간이 아닌 녀석', 예를 들어 '바퀴벌레'라고 부르면 그 사람은 분명히 인간인 것을 알지만 '바퀴벌레'이기도 하다는 의식이 생기는 겁니다. 그렇게 되면 사람에 대해 할 수 없는 일이 그 상대에게는 가능해져요. 나치의 유대인 학살도 그랬어요. 유대인을 '우리와 같은 인간이 아니다'라고 칭했기 때문에 그런 끔찍한 학살이 가능했던 겁니다.

인간에게 언어나 '호칭'이 매우 강력한 힘을 갖는다는 사실을 잘 기억하세요. 언어의 힘은 대상의 성질을 크게 바꾸기 때문에 주의가 필요합니다.

6

특이한 아이라는 말을 듣는다 – 발달장애

무엇이 발달장애인가요?

발달장애는 '자폐 스펙트럼장애', '주의력 결핍 과잉행동장애 (ADHD)', '학습장애' 등 학교 현장에서 문제가 될 수 있는 다양한 장애를 묶은 총칭이에요.

'자폐 스펙트럼장애'는 '자폐증 스펙트럼'으로 부르기도 해요. 예전에는 별개로 다뤄졌던 '자폐증'과 '아스퍼거 증후군', 이 두 가지를 같은 병이라고 보는 것이 현재 주류의 견해예요. 자폐증 스펙트럼에는 자폐증에 가까운 사람과 아스퍼거 증후군에 가까운 사람이 있고, 양 극단 사이는 무지개 같은 연속체로 되어 있다고 생각하는 거지요.

지금도 자폐증이나 아스퍼거 증후군이라는 말은 사용되는데, 전자는 언어 발달이 늦는 고전적인 자폐증에 가까운 경우에 사용되고, 후자는 언어 발달보다는 학교에 가고 나서 혹은 성인이 된 후에 장애가 있는 것을 알게 되는 경우에 사용돼요.

'주의력 결핍 과잉행동장애(ADHD, Attention Deficit Hyperactivity Disorder)'는 그 이름대로 주의가 산만하거나 부적절한 때에 돌아다니거나 하는 발달장애를 가리켜요. 학습장애는 지적 발달이 늦는 것이 아닌데 읽기, 쓰기, 듣기, 말하기, 계산 등이 매우 어려운 발달장애를 말해요. 이밖에도 '정신지체'라고 하는 지적장애가 있어요.

지적장애는 지적 능력에 문제가 있다는 것이죠?

네, 지적 능력 외에도 의사소통, 업무, 학업, 생활면에서 사회에 적응하지 못하는 사람도 있어요. 지적장애와 함께 자폐 스펙트럼장애, ADHD, 학습장애가 있는 사람도 있고요. 그 원인은 여러 가지인데, 가장 많은 것은 원인 불명이에요. 다운증후군 등의 염색체 이상이나, 태어나기 직전이나 직후에 일시적으로 뇌에 산소가 공급되지 않아 저산소 상태가 되었던 경우, 뇌성마비가 원인이 되기도 해요. 그런데 이런 원인이 있었다고 해서 모두 반드시 지적장애가 되는 것은 아니에요. 예를 들어 뇌성마비에는 지적장애를 동반하지 않는 경우도 있어요.

지적 능력은 IQ로 측정합니다. IQ는 정신연령을 실제 나이로 나눈 것으로 100이 평균치가 되도록 조정되어 있어요. 즉, IQ가 100이라는 것은 실제 나이와 지적 능력 나이가 비슷한 정도라는 의미예요. 지적장애는 IQ 70 미만으로, 50~69를 '경도 지적장애', 35~49를 '중증도 지적장애', 20~34를 '고도 지적장애', 19 이하를 '최고도 지적장애'라고 해요.

지적장애 정도는 아니지만 평균보다는 IQ가 낮은 사람 중에 IQ 70~85인 사람들을 '경계성 지능장애'라고 해요. 인구의 14% 정도라고 알려져 있어요. 30명 학급이라면 4명은 있는 셈이지요. 이들 대부분은 고등학교나 대학에도 가고자 한다면 갈 수 있어요. 본인도 주변도 모르고 지나가는 경우가 많지만, 이것 때문에 다양한 불이익을 당할 수도 있어요. 왕따의 표적이 되거나 사람들에게 속는 일도 많고요.

일반학급보다 특별학급에 가야 하나요?

경계성 지능장애인 사람들은 일반학급에 가는 경우가 많은데, 저학년에서는 문제가 없지만 고학년이나 중학교, 고등학교 수업이 되면 조금씩 따라가기 어려워지는 사람들도 있어요. 취직한 후에도 업무에 어려움을 겪기도 합니다. 그렇지만 일상적인 의사소통에서는 문제가 없기 때문에 주위에서 경계성 지능장애라는 것을 몰라요. 눈에 띄지 않기 때문에 본인도 주변도 이유를 모른 채 위화감을 느낄 수 있지요.

경도 지적장애인 사람들은 특별학급에 가는 경우와 일반학급에 가는 경우가 있어요. 그러나 경도 이상의 지적장애인 경우 일반학급에서 점점 따라갈 수 없게 되어 그것이 놀림이나 왕따의 원인이 되기도 해요. 왕따는 당사자에게 돌이킬 수 없는 트라우마를 남기고, 학교에서 상처를 입는 등의 불편한 체험을 통해 2차적 장애(망상이나 행동 이상 등)가 나타날 수 있어요. 그래서 특별교육을 어떤 식으로 이용할지 판단하는 것이 매우 중요합니다.

지적장애인들은 입소시설이나 그룹홈 같은 곳에서 지내는 것이 좋다고들 하지요. 무리해서 사회에 나가는 것은 위험하고 본인도 주변도 곤란하니 시설에서 평생 지내는 것이 본인에게도 좋은 것이라고 생각하는 사람들이 있기 때문이에요. 1970년대에 미국에서 '자립생활운동'이 시작되면서 중증도의 장애를 가진 사람들이 시설을 나와 혼자 살게 되었어요. **타인이 "너는 시설에 있는 것이 좋아"라고 결정하는 것이 아니라 자기 자신이 스스로 결정할 수 있게 된 것이죠.** 지금은 일본에서도 서서히 중증도 지적장애라도 자립 생활을 하는 사람이 늘고 있어요. 2003년부터 지원비 제도가 시행되었기 때문이라고 생각해요.

자폐증은 왜 생겨요?

앞에서 자폐 스펙트럼장애에 대해 간단히 언급했었죠? 여기서는 특별히 구별이 필요한 경우를 제외하고는 자폐증으로 표기하겠습니다.

자폐증은 원래는 어린이 조현병으로 여겨졌어요. 조현병 환자는 세상으로부터 단절되어 자신의 테두리 속에 갇혀 내면으로만 사고하는 경우가 있는데, 그런 형태를 '자폐'라고 불렀어요. 1943년에 아동정신과 의사 레오 카너(1894~1981)가 그런 아이들을 발견하고 '유아 자폐증'이라고 이름 붙인 것이지요. 물론 자폐증 아동은 훨씬 이전부터 있었겠지만 지적장애 안에 포함되어 있었어요. 실제로 중증도나 고도 지적장애의 경우는 자폐증 증상이 많이 보이고 이 두 가지는 겹치는 부분이 있어요. 그러나 지적장애가 거의 없는 자폐증도 많아요.

자폐증은 예전에는 부모의 양육 방식에 원인이 있다고 보기도 했어요. 엄마가 애정을 가지고 양육하지 않았기 때문에 아이의 마음이 닫혔다고 본 거죠. 자폐증을 발견한 레오 카너도 "엄마가 애정으로 아이를 양육하지 않았다"고 지적했었죠. 그런 견해를 '냉장고 마더 학설'이라고 하는데, 심리학자 브르노 베델하임(1903~1990)이 주장했어요.

이것은 자폐증 환자가 있는 가족을 매우 고통스럽게 하는 말이었기 때문에 당연히 환자나 보호자 단체가 이의를 제기했지요. 그렇게 해서 점점 자폐증에 관한 이론이 새롭게 발전해 갑니다. 1970년대에는 양육의 문제가 아니라 언어장애라고 생각했어요. 자폐증 아동은 같은 말을 계속 반복하거나, "사탕 먹고 싶어?"라는 질문에 "사탕 먹고 싶어?"라고 질문을 반복하거나, '나' 또는 '너'라는 인칭대명사를 정확하게 사용할 수 없는 경우가 있기 때문이에요.

예를 들어 부모가 아이에게 "주스 마실래?"라며 주스를 건네면 아이는 주스를 마시고 나서 맛있다고 생각하겠지요. 다음에 또 주스를 마시고 싶을 때 보통의 아이들은 "주스 주세요"라고 말합니다. 그러나 자폐증 아동은 "주스 마실래?"라고 말하는 겁니다. 처음에 부모님이 말한 "주스 마실래?"라는 말을 "열려라 참깨!"처럼 하나의 주문처럼 받아들여 "주스 마실래?"라는 말과 '주스를 건네받는 행위'가 1대 1로 대응하기 때문이에요. 이런 식으로 말을 기억하기 때문에 주스를 마시고 싶을 때에도 "주스 마실래?"라고 말하는 거예요.

이상하다고 생각했는데 그 이유를 알겠어요

자폐증 아동은 이런 독특한 언어를 사용해요. "너 주스 마실래?"를 "나 주스 마실래"로 바꿔서 사용하기 위해서는 '너'와 '나'라는 인칭대명사가 가리키는 것이 상황에 따라 다르다는 것을 이해해야 하는데, 자폐증 어린이는 인칭대명사를 바꾸는 것이 불가능한 경우가 있는 거예요. 비슷한 상황으로 자폐증 어린이는 헤어질 때 하는 '바이바이'를 거꾸로 하기도 해요. 다른 사람이 '바이바이'를 할 때 손바닥을 상대방을 향해 흔들기 때문에 자신이 '바이바이'를 할 때에도 자기 쪽으로 손바닥이 향하게 해서 '바이바이'를 하는 것이죠. 자기에게 보이게 하면 그것이 맞다고 생각하는 것도 무리는 아니에요.

또 '크레인 현상'이라는 행동도 있어요. 부모님이 주스를 집어서 "마셔"라고 했다고 해 봐요. 그러면 다음번에 눈앞에 있는 주스를 마시고 싶을 때 엄마의 손을 잡고 마치 크레인처럼 움직이게 해서 자신에게 주스를 가지고 오게 하는 겁니다. 이것은 자폐증 어린이만이 아니라 어린아이들에게서도 볼 수 있는 행동이에요. 아직 인칭대명사를 '너'에서 '나'로 바꾸지 못하는 것과 비슷합니다.

자폐증을 언어나 인지장애로 생각하게 된 것은 1970년대인데, 80년대 이후에는 의사소통이 원활하지 않은 장애라고 생각하게 되었어요.

서서히 병에 대한 견해가 달라지는군요

네, 그렇지만 이것들은 모두 외부의 시선으로 본 장애지요. 즉, 자폐
증이 있는 당사자가 아니라 자폐증이 있는 사람을 관찰하는 쪽에
서 보는 장애입니다.

1986년에 탬플 그랜딘이라는 자폐 여성이 『나의 뇌는 특별하다』
는 책을 썼어요. 그는 동물행동학에 따른 가축의 관리 연구로 박사
학위를 받고 그 업적을 인정받아 대학교수까지 된 유명인이에요.
그랜딘의 자서전은 미국 텔레비전 방송국인 HBO가 드라마로도
제작했어요. 1992년에는 도너 윌리엄이 자서전을 냈는데 이것도
매우 커다란 반향을 불러일으켰지요. 이들은 자기 자신이 어떤 식
으로 세상을 체험했고, 어떤 곤란을 극복하고 현재에 이르렀는지를
스스로 표현했어요. 히가시다 나오키가 쓴 『자폐증인 내가 뛰어오
르는 이유』도 당사자가 자신에 관해 연구한 재미있는 책입니다.

이런 사람들이 자신의 경험을 매우 알기 쉽게 표현함으로써 외
부에서 본 자폐증이 아니라 내부에서 본 자폐증을 알 수 있게 되었
어요.

자폐증에는 세 가지 장애가 있다고 알려져 있어요. 첫 번째는 '사

회성장애', 두 번째는 '의사소통장애', 세 번째는 '상상력장애'예요.

첫 번째 사회성장애는 타인과 시선을 마주치거나 타인과 공감하는 것이 불가능한 것을 말해요. 보통 사람들은 상대방과 시선을 맞추며 이야기하지요. 우리가 로봇과 시선을 맞추려고 하면 아마 조금씩 조정하지 않으면 안 될 거예요.

스쳐 지나가는 모르는 사람과도 눈이 마주치는 일이 있지요

어떻게 순간적으로 눈이 마주치는지 생각해 보면 신기하지만 자폐증인 사람들은 그것이 불가능해요. 또 공감은 많은 사람이 기본적으로 갖는 능력이지만, 자폐증에서는 그것이 가능하지 않는 경우가 많아요.

두 번째 의사소통장애는 대부분이 언어장애예요. 언어 이외에 몸짓이나 표정 등에 의한 비언어적 의사소통의 어려움도 여기에 포함됩니다. 보통은 태어나 1년 정도 지나면 '엄마'나 '아빠' 등의 말을 할 수 있게 되지요. 2년 정도 되면 '나, 밥'처럼 단어를 연결해서 짧게 말할 수 있고, 3년 정도 되면 단어를 많이 기억해서 사용할 수 있게 돼요.

그런데 자폐증 아이는 1년이 되고 2년이 되어도 말을 하지 않는 경우가 많아요. 3년이 지나면 갑자기 숫자를 외워서 말하거나 어른이 사용하는 것 같은 어려운 단어를 사용하는 경우도 있습니다. 그러나 그런 단어를 사용하는 방법이 마치 카드 게임에서 카드를 내는 것처럼 느껴져요. 즉, '엄마'나 '아빠'처럼 한 단어 문장으로 '대단히 죄송합니다'와 같은 말을 하는 것처럼요. 물론 아스퍼거 증후군에 가까운 아이들 중에는 말을 잘하는 경우도 있고, 자폐증에 가까운 아이라도 서서히 두 단어, 세 단어 문장을 사용할 수 있게 됩니다.

세 번째인 상상력장애는 집착에 관한 것이라고 생각해도 좋아요. 물건들이 일정한 간격으로 나열되어 있어야 한다고 집착하거나 같은 행동을 반복하고, 다른 사람이 보기에 별 의미가 없는 것에 계속 집착하는 겁니다. 의자에 앉아서 빙글빙글 돈다든지 지면을 발로 차서 계속 흙을 튀게 하는 것도 좋아하지요. 이런 것을 상상력장애라고 해요.

최근에는 이 세 가지 장애에 '감각 과민'을 포함시켜 네 가지 장애로 봐야 한다는 주장도 있어요. 옷의 재질이 특정한 것만 입는다거나 따끔따끔해서 입기 싫어하고, 옷에 붙어 있는 라벨의 감촉에 신경을 쓰거나 특정한 소리나 촉감을 지나치게 싫어하기도 합니다. 미각의 과민이 원인이 되는 편식도 많아요. 게다가 "토마토만 싫어"가 아니라 "이것만 먹을 수 있어"와 같은 극단적인 편식도 있어요.

상상력장애는 왜 그렇게 부르나요?

자폐증이 있는 사람은 스케줄이나 순서에 집착하는 일이 많아요.
예를 들어 병원 진료에서 '14시~14시 20분' 이런 식으로 예약 시
간이 지정되는 일이 많은데, 자폐증 환자는 조금이라도 그 시간에
서 벗어나면 패닉 상태가 되거나 심하게 불만을 말하는 경우가 있
어요. 분명히 예약 시간은 그렇게 쓰여 있지만 여러 사정으로 진료
가 늦어지는 것에 대해 상상력을 발휘하지 못하고, 쓰여 있는 스케
줄에 집착하기 때문에 상상력장애라고 불러요.

자폐증 아동 중에는 흉내 내기 놀이를 못하는 경우가 있는데 이
것도 상상력장애라고 보고 있어요. **흉내 내기 놀이를 하려면 함께
노는 친구들과 눈앞에 보이는 것과는 다른 세계를 상상하며 공
유할 수 있는 간주관성이 있어야 해요.** 자폐증 환자는 다른 사람
과의 사이에 간주관성이 생겨나기 힘들어요.

그런데 여러분은 왠지 모를 시선을 느끼고 돌아보는 일 없나요?

있어요, 기분 탓인가 했지요

어떤 이유에서인지는 잘 모르지만 그럴 때 우리는 시선이라는 것
을 느끼지요. 자폐증 환자는 그런 것을 신경 쓰지 않아요. '눈을 맞

추지 않는다'는 것도 그런 거예요. 눈을 맞추려고 해도 반응하지 않는 자폐증 어린이는 많습니다. 무리하게 눈을 맞추려고 하면 패닉 상태가 되는 어린이도 있고요.

간주관성이 작동을 하지 않는다기보다 오히려 간주관성이 작동하는 것을 차단하고 있다고 보는 것이 좋을 거예요. 무리하게 시선을 맞추려는 상대방의 행동은 내가 간주관성을 필사적으로 차단하고 있음에도 불구하고, 타인이 간주관성을 작동시키려고 요청하는 행동이에요. 그것은 타인이 차단막을 부수고 침입하는 것이기 때문에 환자 본인 안에 있는 질서가 파괴되어 패닉 상태가 되는 것이라고 볼 수 있지요.

빙글빙글 돈다거나 뛰어오르는 것은 자폐증 당사자의 말에 따르면 그렇게 함으로써 자신의 윤곽을 알게 되기 때문이라고 해요. 돌거나 뛰어오르면 공기의 저항으로 자신의 윤곽을 물리적으로 자극해서 느낄 수 있지요. 어디까지가 나 자신이고 어디까지가 나 자신이 아닌지가 애매한 상태는 매우 불안하기 때문에 그럴 때 회전이나 점프를 하면 자신의 경계가 확정되는 느낌이 들어서 상당히 안정된다고 해요.

이상한 행동에도 다 이유가 있었네요

자폐증이 있는 사람이 타인의 마음을 어떻게 이해하고 있는지를 알려 주는 '사리와 안의 과제'라는 실험이 있어요. 여기서는 다음과 같은 내용을 표현한 다섯 개의 그림을 피실험자에게 보여 줍니다.

1. 사리와 안이 방에서 함께 놀고 있다.
2. 사리는 공을 바구니에 넣는다.
3. 사리가 밖으로 나간다.
4. 사리가 없는 사이에 안이 공을 다른 상자로 옮긴다.
5. 방으로 돌아온 사리가 공을 찾는 곳은 어디일까요?

'사리는 공을 바구니에 넣었지만 사리가 없는 동안 안이 공을 다른 상자로 옮깁니다. 사리가 방에 돌아왔을 때 사리는 공을 찾기 위해 어디를 볼까요?'라는 문제예요.

바구니겠지요

그렇지요. 여러분은 공이 상자 안에 있는 것을 알고 있지만 사리는 모른다고 알기 때문에 그렇게 대답합니다. 그렇지만 자폐증 어린이는 상자라고 대답하는 경우가 많아요. 그것은 자신과 타인이 다른 마음을 가진 인간이고, 타인에게도 자신에게도 내면이 있는데 그

내면은 서로에게 별개의 것이어서, '타인의 내면을 나는 알 수 없고 나의 내면도 타인은 알 수 없다'는 것을 모르기 때문이라고 해요.

반대로 말하면 사람에게는 각각의 내면이 있다는 것을 알기 때문에 안이 공을 옮긴 장소를 사리는 모른다고 생각하는 건데, 각각의 사람에게 각각의 내면이 있는 것을 이해하지 못하면 사리가 돌아온 후 사리도 그것을 알고 있다고 생각하겠지요. 그렇지만 모든 자폐증 환자가 이 과제를 완수하지 못하는가 하면 그렇지도 않고, 나이를 먹으면서 이 '사리와 안의 과제'를 완수할 수 있게 된다고 해요.

어떻게 치료해요?

자폐증 그 자체는 낫는 병은 아니에요. 물론 '사회성장애'나 '의사소통장애'를 개선하는 치료법은 있어요. 그러나 더 중요한 것은 2차장애를 방지하는 겁니다. 즉, 자폐증으로 인해 가정이나 학교, 직장에서 다양한 어긋남이 발생하고, 그래서 일어나는 불안, 억울, 환각, 망상 등의 2차적인 정신적 부조화를 막는 것이 중요해요. 또 학대나 왕따도 방지해야 합니다.

자폐증 아이는 간주관성을 작동시키는 것이 어려워서 타인과 자연스러운 상호작용이 잘 되지 않아요. 예를 들어 부모가 바라보고 있는데 돌아봐 주지 않으면 부모로서는 "뭐지?" 정도로만 생각하지만, 주변에서는 "어떻게 해도 이 아이는 돌아보지 않아. 나에게 흥미를 가져 주지 않아", "여러 가지를 가르쳤는데 아무것도 배우려고 하지 않아"라고 생각하게 되고, 일부에서는 학대가 발생하기도 해요.

학교에서는 일반학급에 들어가기도 하는데, 같은 이유로 왕따의 표적이 될 위험도 있어요. 어느 시점에 특별학급에 들어가면 좋은지 등을 주위의 전문가나 선생님들과 면밀히 의논해야 합니다. 학교에서 집단생활을 하는 동안 조금씩 사회성이 좋아지는 경우도 많지만, 왕따나 친구들에게 차별당하는 경험이 거듭되면 2차 장애가 나타나는 경우가 있어요.

왕따나 학대의 트라우마가 생기면 '타임슬립 현상', 즉 현재에 과거가 침입하는 경우가 있어요. 싫은 일이 생길 때 과거에 싫었던 일의 기억이 현재에 침입해서 본인에게는 '지금'이 그 '과거'가 돼 버리는 겁니다. 이렇게 되면 눈앞에 있는 사람을 때리는 등, 지금의 상황과는 맞지 않는 일을 하게 돼요. 이것이 타임슬립 현상이에요.

외상후 스트레스장애의 플래시백과 같은 것인가요?

비슷합니다. 똑같다고 하는 사람도 있어요. 다만 자폐증의 경우 당사자의 이야기를 통해 알게 된 사실은 시간의 체험 방식이 보통 사람들과 다른 것 같다는 점이에요. 보통 시간은 직선으로 흐르지요. 지금은 '현재'가 눈앞에 있고 다음 순간에는 그 '현재'는 '과거'가 됩니다. 그리고 다음은 아까까지의 '미래'가 '현재'가 되는 것처럼 '과거' → '현재' → '미래'가 컨베이어벨트로 계속 운반되는 느낌이지요. 그런데 자폐증이 있는 사람은 기억이 단편적이어서 '과거' '현재' '미래'가 전부 제각각 흩어져서 잘 흘러가지 않는다고 해요.

아마 그런 자폐증 환자는 평소에는 제각각인 기억을 어떻게든 정리한 상태로 지내지만, 감정적으로 흔들리는 체험을 하면 그것이 엉망진창이 되어 '과거'가 '현재'가 되는 경우가 있고, 그것이 '타임슬립 현상'이라고 생각해요.

그런 것을 모르면 행동만 보고 오해할 수 있겠어요

그렇습니다. 또 자폐증이 있는 사람과의 관계에서 알아 두어야 하는 것은 의사소통 방식이에요. 사람들은 평소에는 그다지 엄밀한 말을 사용하지 않아요. 업무 지시도 비교적 편안한 말투로 하지요. 이렇게 하는 것은 말하지 않아도 상대방과 공유하는 사회성이 있기 때문인데, 자폐증이 있는 사람에게는 그렇지 않아요.

예를 들어 "간장 있어?"라는 말을 들으면 보통은 간장을 집어서 상대방에게 건네지요. 그런데 자폐증이 있는 사람은 "있어요"라고 대답만 해요. 상대방이 "집어 줘"라고 하면 "무엇을?"이라고 물어요. 정확히 "간장 집어줘"라고 하지 않으면 문맥을 읽어 내기가 어렵지요.

이런 경우 자폐증이 있는 사람의 의사소통 능력을 높이기 위해 직장의 업무 방식을 바꾸는 것도 생각해 볼 수 있어요. 장애가 있는 사람이라도 일하기 쉽도록 직장에서 배리어프리를 하는 겁니다. 휠체어를 타는 사람에게 계단이 아닌 경사로나 엘리베이터가 필요한 것처럼 의사소통에도 배리어가 없도록 하는 거지요. **"간장 있어?"가 아니라 "간장 집어서 ○○에게 건네줄래?"처럼 지시를 명확히 하는 겁니다.** 그렇게 하면 자폐증이 있는 사람들도 일하기 쉬워져서 서로 실수를 줄일 수 있어요.

여러 가지로 응용할 수 있겠네요

지시를 명확하게 하는 것은 학교에서도 가정에서도 가능합니다. 사회성장애나 의사소통장애는 자폐증이 있는 개인의 문제라고 생각하기 쉬운데, 소통은 본래 혼자서는 불가능해요. 소통의 장애는 자폐증 환자와 주변 사람들 사이에서 일어나는 것이니까요.

반응성 애착장애는 뭔가요?

반응성 애착장애는 감정을 드러내지 않고, 누군가에게 안겨도 외면하는 증상이 나타나기 때문에 자폐증과 혼돈되는 경우가 있어요. 이것은 반응성 병으로, 특히 학대에 대한 반응으로 생깁니다. 애착은 아버지나 어머니와 밀착되는 것인데 학대 등으로 인해 그것이 잘 이루어지지 않는 상태를 애착장애라고 해요. 학대 중에서도 특히 육아 방치가 장애를 일으킨다고 알려져 있어요. 정도에 따라 다르지만 육아에 신중하게 개입하는 것으로 해결되는 경우도 있고, 유아보호시설이나 아동보호시설에 입소해야 하는 경우도 있습니다. 애착관계 형성이 잘 이루어질 수 있는 환경을 갖추면 좋아지지만, 트라우마의 정도가 심하면 치료가 어려운 경우도 있어요.

주변에 ADHD가 많아요

ADHD는 예전에는 '미세 뇌손상'이라고 했어요. CT 또는 MRI 검사로도 명확하게 알 수 없는 정도로 미세한 뇌손상이 있는 거라고 생각했어요.

증상은 주로 세 가지인데, 하나는 '주의력 결핍'으로 한 가지 일에 집중하지 못해요. 수업 중 다른 일에 흥미를 가져서 수업을 제대로 들을 수 없다든지, 숙제를 잊어버린다든지 문제집을 풀어도 틀리는 것이 많아요. 어른이 되어도 마찬가지여서 업무 중에 업무와는 전혀 관계없는 일에 마음을 빼앗기거나 실수가 많고, 그로 인해 업무의 마감을 지키지 못하는 등 다양한 형태의 부주의가 나타나요.

두 번째는 '과잉 행동'으로 가만히 있는 것이 어려워요. 학교에서 수업 중에 가만히 앉아 있을 수 없는 것이 여기에 해당됩니다.

세 번째는 '충동성'으로, 생각한 것을 즉시 말하거나 실행해 버리고 계속해서 질문을 던져서 상대방을 난처하게 하는 경우도 있습니다.

이런 특징이 어렸을 때부터 눈에 띄는 것이 ADHD이고, 어른이 되어도 증상이 계속되면 '성인 ADHD'라고 해요.

치료법은 우선은 자신의 특성을 아는 것입니다. 심리검사를 받아서 어떤 것이 단점이고 어떤 것이 장점인지 알아야 해요. 그다음으로 자신의 단점에 대해 대처법을 생각합니다. 자꾸 잊어버린다면 꼭 해야 하는 일을 눈에 띄는 곳에 써 두거나 리스트를 만들어 하나씩 체크한다든지 여러 방법이 있지요. 특성을 알고 있으면 주변에 이해를 구하는 것이 가능해져요.

ADHD는 지금은 뇌의 신경전달물질에 이상이 있는 것이라고 알려져 있는데, 노르아드레날린과 도파민 두 가지가 부족하다고 해요. 이 두 가지를 증가시키는 약을 치료제로 사용하는데, 이 중

도파민을 증가시키는 약은 신경 자극제로 효과는 각성제와 비슷합니다.

각성제와 비슷하다고요?

지금은 몸속에서 서서히 녹아 천천히 효과를 내는 타입의 약이 주로 사용되기 때문에 그다지 걱정하지 않아도 돼요. ADHD는 과잉 진단, 과잉 처방이 문제가 되고 있는데, 미국에서는 어린이의 5.3%가 ADHD 진단을 받고 약을 복용하고 있다고 해요(일본은 0.4%). 이 것은 명백하게 과잉으로 제약회사의 강력한 캠페인 영향도 있다고 봐요.

ADHD 증상 중 하나인 주의력 결핍은 우울증일 때 나타나는 경우가 있어요. 그럴 때 ADHD 약을 투여하면 효과가 나타나는 경우도 있지만, 우울증과 ADHD는 완전히 다른 병이에요. 최근에 성인 ADHD가 널리 알려지게 되어 20~30대 회사원들이 걱정이 되어 병원을 찾는 일이 많아졌어요. 저는 여기서도 과잉 진단, 과잉 처방이 이루어지고 있다고 생각해요. 현재의 진료기준으로는 12세 이 전부터 ADHD 증상이 시작되었는지가 중요한데, 거기까지 세밀하게 진료하지 않으면 성인 ADHD로 진단되기가 쉬워요.

학습장애는 고칠 수 있나요?

학습장애는 지적 발달이 전반적으로 늦지 않은데도 읽기, 쓰기, 듣기, 말하기, 계산이나 추론하기 등의 능력이 극단적으로 낮은 장애를 말해요. 책을 읽는 속도가 너무 늦다거나 일기 등의 문장이 지나치게 나이에 맞지 않는 경우 등이 여기에 해당합니다. 특정한 치료법은 없고 장애의 특성에 맞는 지원을 하면 충분히 학습할 수 있다고 알려져 있어요. 예를 들어 읽기 장애가 있는 경우 글자의 서체를 바꾸면 그때까지 못 읽었던 글자를 갑자기 읽을 수 있게 되는 경우가 있다는 것이 널리 알려져 있어요.

발달장애라고 부르는 자폐 스펙트럼장애, ADHD, 학습장애, 지적장애 아동들에 대해서는 한 사람 한 사람의 특성에 맞춰 세심하게 지원하는 것이 중요합니다.

7

새로운 것을 기억할 수 없다 – 인지증

인지증은 치매를 말하나요?

치매는 어리석다는 뜻의 한자 '치'와 '매'가 합쳐진 차별적인 용어이기 때문에 '인지증'이라고 부르는 것이 맞아요. 인지증에 대해 아는 것은 고령자의 마음에 대해 아는 것이에요. 여러분의 할아버지 할머니를 이해하는 데 도움이 될 거예요. 초고령사회가 되면서 전체 인구에서 65세 이상인 고령자가 차지하는 비율은 빠르게 늘고 있어요.

먼저 일반적으로 고령자에게는 어떤 변화가 일어나는지 알아볼게요. 사람은 나이를 먹으면 '정신적인 면의 변화', '신체적인 면의 변화', '역할의 변화' 이 세 가지 변화를 경험하게 돼요.

'정신적인 면의 변화'에는 건망증이 있어요. 건망증이라고 해서 모두 다 잊어버리는 것은 아니에요. 잊는다기보다는 '새로운 것을 기억할 수 없는' 거예요. 과거에 했던 일이나 본인의 이름은 잊지 않아요. 가족의 이름도 잊어버리지 않지만, 최근의 일을 기억할 수 없기 때문에 손주나 증손주의 이름은 모르는 경우가 있어요. 그밖에도 본인이 결혼한 장소는 기억하면서도 어제 저녁에 무엇을 먹었는지는 기억하지 못하는 것처럼 최근의 일을 기억할 수 없는 것을 기억력장애라고 해요.

'신체적인 면의 변화'가 오면 운동 능력이 쇠퇴되어 지금까지 할 수 있었던 운동을 할 수 없게 돼요. 젊었을 때는 무거운 짐을 들고 계단을 오를 수도 있었는데 그것이 점점 불가능해지는 겁니다. 또 자주 병에 걸리고, 다리, 허리, 뼈, 관절도 약해져요. 성호르몬이 부족해져서 성기능도 떨어집니다. 지금까지 잘했던 것을 못하게 되는 거지요.

'역할의 변화'는 주로 사회적인 지위나 역할이 줄거나 없어지는 것이에요. 남성의 경우 여러분의 할아버지 세대가 한창 일하던 시절에는 '연공서열'이라고 해서, 젊을 때는 평사원이지만 경력을 쌓으면서 승진해서 과장, 부장 또는 임원이나 사장이 되거나 급여가 점점 높아지는 제도가 있었어요. 인맥도 넓어지지요. 말하자면 나이를 먹으면서 자연스럽게 지위도 오르고 수입도 오르는 것이 당연했어요. 그런데 정년퇴직을 하면 지금까지 해 온 모든 역할을 잃게 됩니다. 지금까지 자기 자신을 지탱하던 지위나 수입이 전부 없어지는 큰 변화이지요.

또 남성들은 예전에는 집안일을 거의 하지 않았는데 그것은 일반적으로 직장에서 일을 하니 집안일을 면제받은 측면도 있었어요. 집안일을 하지 않아도 집안에서 나름의 지위가 있었지만 직장을 퇴직하면 그것도 없어집니다. 가족들이 그 남성을 보는 시선도 달라지고요.

최근에는 정년퇴직 후에도 다시 취직하는 사람이 증가했어요. 같은 직장에서의 재고용이라면 자신이 쌓아 온 경험을 살릴 수 있는 가능성이 있지만, 완전히 다른 직장에 가면 그렇게 할 수 없지요. 지금까지는 자신이 주도권을 쥐거나 최종적인 결정을 하는 위치에 있었는데 그 힘이 다른 사람에게 가 버린 겁니다.

회사에서의 위치가 주는 힘을 자신의 힘이라고 착각했네요

여성의 경우는 앞으로 변화하리라 생각하지만 여러분의 할머니 세대는 전업주부가 많았어요. 집에서 열심히 육아를 한 여성들에게 전심전력을 다해 돌본 자녀들이 자립하는 것은 본인이 쌓아 온 것이 사라지는 것이기 때문에 역시 역할에 큰 변화가 생깁니다.

역할의 변화와 관련해서 오늘날 널리 문제가 되는 것은 고령자의 운전이에요. 고령자가 운전하는 자동차 사고가 많아져서 고령자의 면허 반납을 의무화해야 한다는 의견도 있을 정도예요. 그러나 나이를 먹어 역할을 잃어버린 사람에게 스스로 자신감을 가질수 있는 마지막 능력이 자동차 운전인 경우도 있기 때문에 일률적으로 면허 반납을 의무화하는 것이 좋다고는 생각하지 않아요. 면허를 반납하면 택시비를 할인해 주는 등 장려 정책이 뒤따라야 한다고 생각해요.

위에서 말한 세 가지 변화는 고령자라면 누구에게나 일어날 수있는 일입니다.

알츠하이머형 인지증이라고 들어 본 적 있어요

알츠하이머형 인지증은 가장 흔한 타입의 인지증이에요. 단순히기억력이 흐려지는 것만이 아니라 앞에서 이야기한 세 가지 변화가 얽혀서 다양한 일이 일어나요. 알츠하이머형 인지증에서는 '기명력記銘力 장애'가 두드러져요. 노화하면 기억력이 흐려지는 것은자연스러운 일인데, 알츠하이머형 인지증도 노화에 의한 기억력저하와 본질적인 차이는 없고 정도의 문제라고 생각돼요.

기명력장애가 발생하면 새로운 것을 기억할 수 없게 되기 때문에 같은 말을 몇 번이고 반복하게 돼요. 제가 의과대 학생이었을 때 실습으로 노인복지시설에 갔던 적이 있어요. 그때 어느 할아버지와 이야기하게 되었는데, 할아버지가 "학생 어디서 왔어?"라고 물으셨어요. 제가 "고치시의 ○○입니다"라고 대답하자 "그 근처 갔던 적이 있지"라고 말씀하셨어요. 그런데 몇 분쯤 이야기하다 할아버지가 또 "그런데 학생 어디서 왔어?"라며 아까와 똑같은 질문을 하시는 겁니다. 그래서 저는 또 같은 대답을 했고, 세 번 정도 이 문답을 반복했어요. 그러자 할아버지는 점점 화를 내셨어요.

이 할아버지는 기명력장애로 방금 전에 한 이야기를 잊어버린 거예요. 그런데 "뭔가 이상하네"라고 생각하시는 것 같았어요. 그 이상함을 본인이 해결해야 하는데 스스로는 어떻게도 할 수 없어 초조함을 느끼고 계셨죠. 할아버지가 화를 내신 것은 그 때문이었어요. '기명력장애'가 있으면 기억은 남지 않지만, 마음은 남습니다. 그래서 스스로 초조함을 느끼는 거예요.

간혹 "인지증 환자에게는 폭언을 해도 잊어버리기 때문에 괜찮다"고 말하는 사람이 있는데 그렇지 않습니다.

기억력과 마음은 별개이군요

인지증에 걸리면 '나는 지금까지처럼 여러 가지를 정확하게 할 수 없어'라는 마음이 생깁니다. 그런 마음이 쌓여 가면 기명력장애를 얼버무리기 위해 여러 가지 일들이 발생해요. 그중 하나가 '도둑 망상'입니다. 어느 날 '지갑이 없다', '통장을 며느리가 숨겼다'라는 등의 말을 하기 시작해요.

지갑은 집 안에서 두는 장소가 정해져 있는데 어쩌다 다른 곳에 놓는 일도 있지요. 그런데 기명력장애가 있으면 '이번만 다른 곳에 두었다'는 것을 기억할 수 없기 때문에 평소의 기억에 따라 늘 두던 곳을 찾습니다. 당연히 지갑은 없지요. 그런데 왜 '지갑이 안 보이지?'라고 생각하는 것이 아니라 '지갑을 도둑맞았다'라고 생각할까요? 일반적으로 고령자는 자신이 여러 가지 일을 할 수 없다는 것을 스스로 알고 있어요. 그런데 그 사실을 인정하지 못하거나 초조함을 느껴서 어떻게든 '나는 혼자서 여러 가지 일을 할 수 있는 인간이다'라고 생각하고, 그렇게 되고 싶어 하지요. 그래서 본인이 기억을 하지 못하거나 물건을 잃어버렸다는 것을 솔직하게 인정하는 것이 어려워집니다.

이렇게 되면 본인 탓이 아니라 남의 탓으로 돌릴 수밖에 없어요. 그래서 "며느리가 숨겼다"라는 말을 하게 되는 거예요. 왜 며느리가 했다고 생각하냐면 지금까지 고령자의 수발을 드는 것이 주로 며느리인 경우가 많아서예요. 여러 가지 일을 할 수 없게 되어 며느리의 도움을 받게 되었을 때, 고령자는 '나 스스로 잘 할 수 있는데 왠지 모르지만 잘 안 돼서 며느리에게 의지할 수밖에 없다'고 느껴요.

물론 도움받는 것에 대해서는 감사하다고 생각하겠지요. 표면상으로는 감사의 말도 하겠지만, 그 이면에는 '왜 내가 이 사람에게 신세를 져야 하지?'라는 불만이 있고 그 불만은 당연히 돌봐 주는 사람인 며느리를 향하는 거지요. 이렇게 돌봐 주는 사람을 향한 공격성과 '정상적인 인간이고 싶다'는 마음이 결합하면 '며느리가 지갑을 숨겼다'는 망상이 생겨납니다. 물론 돌보는 사람은 깜짝 놀랄 일이지만 고령자가 그렇게 말하는 것에는 정확한 이유가 있는 거예요. 참고로 도둑 망상은 여성에게 많다고 알려져 있어요.

왜 그런가요?

여성은 자신의 소유물에 남성보다 집착이 강한 편이에요. 며느리에 대해 망상을 품기 쉬운 것은 지금까지 자신이 며느리보다 우위에 있었는데 입장이 바뀌어 돌봄을 받는 것이 분하다는 생각이 있는 것 같아요. 딸이 돌보는 경우에도 딸은 원래 자신이 지배하던 대상이기 때문에 같은 일이 일어납니다.

기명력장애를 얼버무리기 위해 나타나는 증상에는 '작화作話'가 있어요. '작화'란 기억이 결여된 부분을 만든 이야기로 메우는 것이에요. 지금 수중에 있는 것이나 옛날의 기억을 총동원하여 자신의 기억의 결손을 메우려고 하는 것이죠. 예를 들어 인지증 노인이 있는 병원이나 시설의 휴게실에서 텔레비전으로 국회방송이 방송되는 경우가 있어요. 그것을 어느 노인이 멍하니 보고 있을 때 "○○○어르신, 오늘 어떠세요? 뭐 하고 계세요?"라고 말을 걸면 "총리를 만났어"라는 대답을 하기도 합니다. 직전까지 자신이 무엇을 했는지에 대한 기억이 없기 때문에 현재 본인에게 보이는 것을 사용해 어떻게든 기억을 메우려고 하는 거지요.

알츠하이머형 인지증에서는 기명력장애 외에 '방향감각장애'도 나타납니다. '여기는 어디고 나는 누구인지, 지금은 언제인지'에 대한 판단에 장애가 생기는 거예요. 구급차로 병원에 실려 온 사람에게 "여기가 어딘지 알겠어요?", "이름을 말해 보세요"라고 묻는데 그것은 지금 자신이 있는 곳이 어디고 본인이 누구인지 알고 있는지 테스트하는 거예요. 인지증이 아닌데 방향감각장애가 있는 경우에는 뇌 등에 중대한 병이 있을 가능성이 있습니다.

인지증이 진행될수록 점점 방향감각에 장애가 나타나요. 저녁이 되었는데 "지금부터 회사에 간다"라고 말하거나, 시설에 있는데 '집에 있다'고 생각하기도 합니다. 다만 이 방향감각장애는 '여기는 어디고 나는 누구이고 지금은 언제인지'를 단순히 모르는 것이 아니라, 과거의 방향감각이 플래시백한 것이라고 볼 수 있어요. "지금부터 회사에 간다"라고 말하는 사람은 옛날에 자신이 회사에 갔던 시절의 방향감각을 지금 체험하는 거라고 할 수 있어요.

과거의 방향감각을 체험한다고요?

시간이 직선이 아니게 되어 과거의 방향감각이 지금에 침입해요. "지금부터 회사에 간다"라고 말하는 사람에게 지금은 '과거'인 것입니다. 시설에 있어도 자신은 회사의 부장이고 '지금부터 회사에 가야 한다, 주변에 있는 사람들은 출근하는 자신을 배웅하는 가족이다'라고 생각할 수도 있어요. 따라서 이런 상황을 알고 있으면 인지증 환자가 뭔가 이상한 말을 하기 시작해도, '이 사람은 지금 과거의 방향감각을 체험하고 있는 거야'라고 이해할 수 있어요.

그래서 "지금부터 회사에 간다"라고 환자가 말하면 그것을 정정하지 말고 "그럼 함께 갈까요?"라고 말하고, 함께 산책이라도 하며 한 바퀴 돌고 오면 됩니다. 그렇게 하면 그 이상함은 자연스럽게 진정돼요. 환자가 플래시백하고 있는 방향감각에 함께 함으로써, 환자가 자신의 능력을 부정당하고 상처를 입는 체험을 하지 않고 그 순간을 넘길 수 있어요.

기명력장애나 방향감각장애는 분명히 '알츠하이머형 인지증'에 걸린 뇌의 이상에 의해 발생하는 장애이지만, '도둑 망상'이나 '작화'는 뇌의 변화 후에 생긴 사람의 심리예요. 이런 증상들은 지극히 인간다운 마음 작용이에요. 그런 의미에서 인지증은 인간다운 마음 작용이 가장 잘 나타나는 병이라고 할 수 있어요.

질투도 비슷한 마음 작용으로 나타나는 거네요

'질투 망상'은 기명력장애와 더불어 성기능의 쇠퇴와 사회적 지위에 변화가 생기면서 발생해요. 주로 남성에게 많아요. 오늘날 고령자 부부의 전형적인 모습은 남성이 주로 집에 머물러요. 남성은 인간관계가 대부분 업무와 관련된 경우가 많아서 일이 없어지면 인간관계도 없어집니다. 그러나 여성은 정년이 될 때까지(전업주부라도) 직장 이외의 다양한 장소에서 인간관계를 맺는 사람이 많아요. 그래서 도예나 노래 교실 등의 취미활동, 혹은 여행 등으로 외출이 많아지는 경향이 있어요. 그러면 남성에게 '나는 갈 데가 없는데 아내는 매일 외출한다'며 질투가 일어나요. 이것도 보통 사람의 심리예요.

그런데 여기에 기명력장애와 성기능 쇠퇴가 맞물리면 질투 망상이 나타나게 됩니다. 예를 들어 '아내가 노래 교실에서 젊은 남자와 바람을 피운다'는 등의 망상에 빠지는 거예요. "오늘은 ○○에 가요"라는 말을 들어도 그것을 기억할 수 없기 때문에 '저 사람은 또

몰래 나갔다'는 식으로 해석해 버리는 것도 하나의 원인이 됩니다.

고령자에게는 '나의 신체적 문제로 성적 만족을 얻는 것이 불가능해졌다. 그런데 그것을 인정하고 싶지 않다'는 마음이 있어요. 그렇게 되면 '내가 성적인 만족을 얻을 수 없는 것은 내 탓이 아니라 아내가 바람을 피웠기 때문'이라고 생각하면 본인의 문제를 의식하지 않아도 되기 때문에 이런 망상이 발생하기 쉬운 거예요.

이밖에도 '인지증의 행동심리증상(BPSD, Behavioral and Psychological Symptoms of Dementia)'이라는 고약한 증상이 있어요. 인지증 그 자체의 증상인 기명력장애와 방향감각장애 이외에 망상이나 흥분, 배회, 분노 등이 여기에 해당돼요. 돌보는 사람들이 매우 힘들어하는 증상이지요.

인지증에 걸리면 할 수 없는 일들이 늘어나고 그 때문에 사람들에게 비난받고 질책당하는 일이 늘어나요. 예를 들어 옷을 단정하게 입지 못하면 "왜 옷도 못 입어?"라며 야단을 맞지요. 옷을 똑바로 못 입어서 추궁을 당하는 일은 어렸을 때나 있었던 일이기 때문에 환자는 자신이 매우 무능력하다고 느끼게 돼요. "왜 이 정도도 못해?"라고 가장 먼저 생각하는 것은 다름 아닌 환자 본인인데, 주변에서 추궁하면 더욱 위축됩니다. 게다가 '원래는 잘했는데'라는 마음도 있기 때문에 매우 억울한 마음도 들고요.

이렇게 주변에서 부정적인 말을 듣거나 자기 스스로 모든 행동

— 마음은 왜 아플까?

이 원활하지 않다고 느끼는 때가 많아지면 스스로에 대한 부정적인 마음이 점점 쌓여 갑니다. 자신이 한 일을 부정당하는 체험을 거듭할 때마다 BPSD도 많아져요. 그래서 주변 사람들은 인지증이 어떤 병인지를 이해하는 것은 물론 환자와 말할 때도 존엄을 해치지 않도록 하는 것이 중요해요. 즉, 환자의 말을 부정하지 않고, 화를 내거나 질책하지 않으며 창피를 주지 않아야 해요.

인지증 환자는 밥을 먹은 것을 잊어버리고 "밥 안 줘?"라고 말하곤 합니다. 이때 "아까 먹었잖아"라고 퉁명스럽게 말하면 안 돼요. 그것은 "당신은 틀렸어!"라고 말하는 것과 같아서 환자에겐 자신의 생각이 부정당하고 창피를 당한 체험으로, 자신의 존엄을 잃어버린 것과 같아요.

그럼 뭐라고 해야 해요?

만약 할아버지가 "밥 안 줘?"라고 하면 "뭐 드시고 싶으세요?"라고 말하면 돼요. 그러면 뭔가 답을 하실 거고, "조금만 기다리세요"라고 말하는 사이에 밥에 대해서는 잊어버립니다. 그러면 되는 거예요. "물건이 없어졌어"라고 하시면 "어디에 있겠지요"라고 하지 말고 "함께 찾아봐요"라고 말하면 됩니다. 환자가 지금 어떤 방향감각 안에 있는지 끊임없이 의식하면서 거기에 따라 대응하는 것이 중요해요. 처음에는 힘들 수 있지만 익숙해지면 누구라도 할 수 있어요.

또 한 가지 주의해야 하는 것은 고령자를 위에서 내려다보는 시선으로 보지 말아야 한다는 점이에요. 신체적으로 약해지면 휠체어로 이동하거나 침대에 있는 시간이 많아집니다. 고령자가 도움이 필요한 존재라고 해서 나보다 낮은 위치에 있다고 생각하고 내려다보아서는 안 돼요. 인간에게 공간에서의 위치관계는 매우 중요해서 같은 공간 안에서 그런 시선을 받으면 자신은 '패자'라고 생각하게 돼요. 동물도 누워서 배를 보이면 '항복'이지요.

위에서 내려다보는 것은 상대에게 자기 쪽이 강하다고 말하는 것과 같아요. 또 돌보는 사람이 내려다보면 고령자는 그 사람을 엄마라고 생각하고 자신은 아이로 퇴행하는 경우도 있어요. 고령자가 돌보는 사람의 가슴을 만져서 문제가 되는 일이 있는데, 이런 퇴행이 있어서라고 생각돼요.

인지증에 걸린 환자에게 말할 때에는 쪼그리고 앉거나 해서 눈높이를 맞추도록 해야 합니다. 사소한 행동이지만 환자에게 수치심을 느끼게 하거나 존엄을 해치지 않게 하는 데 매우 효과적이에요. 퇴행을 예방하는 데도 좋습니다.

인지증은 나을 수 있나요?

인지증에 사용되는 약은 있지만 치료를 하는 약이 아니라 진행을 늦추는 약이에요. 인지증 약은 효과가 없지는 않지만 약을 써서 환자의 생활의 질이 높아졌다는 데이터는 없어요. 실제로 약을 먹지 않아서 불이익이 발생하는 것도 아니에요. 약보다는 앞에서 이야기한 것과 같은 대응을 면밀히 하는 것이 훨씬 유익합니다.

인지증 환자에게 BPSD가 나타나게 되면 의사는 증상을 억제하려고 하고, 항정신병 약을 소량 사용하는 경우도 있어요. 그렇지만 이것은 환자의 자발성을 억제하고 예측할 수 없는 부작용이 일어나는 경우도 있어서 대단히 심각한 문제예요. 자발성을 억제하면 할 수 없는 일이 더 증가하고 뇌와 신체의 기능도 악화돼서 쉽게 넘어지게 되기도 해요. 골절이라도 되면 더더욱 할 수 있는 일이 줄고 그러면 자신에 대해 부정적인 마음이 더 커져 BPSD가 늘어나는 악순환에 빠집니다.

최근에는 인지증에 걸린 사람, 특히 비교적 젊은 나이에 인지증에 걸린 사람들은 일을 하기도 해요. 장애인의 자립 생활과 마찬가지로 적절한 지원만 있으면 설령 기명력장애가 있어도 일은 할 수 있어요. 자신이 기억해야 하는 것을 메모해 두거나 여러 방법을 사용하면 의외로 일도 할 수 있습니다. 인지증에 걸렸다고 해서 항상 돌봄의 대상이 되는 것은 아니에요.

혈관성 인지증은 어떻게 다른가요?

알츠하이머형 다음으로 많은 것은 혈관성 인지증이에요. 뇌경색이나 뇌출혈에 의해 발생하는 인지증입니다. 뇌경색은 뇌의 혈관이 막혀서 영양분을 운반할 수 없게 되어 뇌가 손상을 입는 병이에요. 뇌출혈은 뇌의 혈관이 파괴되어 출혈하는 것으로 역시 그 혈관으로 영양을 공급받던 곳이 손상을 입고, 출혈로 인한 압박으로 주변 뇌의 조직이 파괴되는 경우도 있어요. 따라서 혈관성 인지증은 뇌경색이나 뇌출혈을 예방함으로써 막을 수 있습니다.

큰 뇌경색이나 뇌출혈이 있으면 뇌의 여러 부분이 동시에 손상을 입게 되어, 뇌의 기능을 상실한 부분과 그렇지 않은 부분이 얼룩지게 돼요. 그래서 혈관성 인지증을 '얼룩 치매'라고도 해요. 혈관성 인지증은 신체 마비가 발생하는 경우도 많고, 가장 문제가 되는 것은 삼키는 기능에 장애가 생기는 거예요. 음식물이나 물을 삼킬 수 없고, 식도가 아닌 기관지로 잘못 들어가면 폐렴의 원인이 되기도 해요.

인지증에 걸린 사람을 돌보는 것은 힘들 것 같아요

특히 가족이 돌보는 것은 매우 힘들어요. 자신의 가족이 인지증에 걸리면 가족은 '어떻게든 해야 한다'는 책임을 느끼고 가족끼리 돌보려고 하는 경향이 있습니다. 그러나 일본에서는 2000년부터 '노인 돌봄 보험'이 생겨서 노인 돌봄이 사회화되었어요. 적어도 표면적으로는 노인 돌봄의 주역은 가족이 아니라 사회이지요. 가족은 인지증에 걸린 고령자와 감정적으로 다양하게 얽혀 있기 때문에 오히려 돌봄을 잘하기 어려울 수 있어요. 제도를 잘 이용해서 지나친 돌봄으로 가족이 지치지 않는 상태를 만드는 것이 중요합니다.

인지증에 걸리지 않는 방법은 없어요?

증상을 예방하는 결정적인 방법은 없어요. 알츠하이머형 인지증의 뇌의 변성은 노화에 의한 변성과 본질적으로 같고 양적인 차이밖에 없어요. 가령 200살까지 살 수 있다면 모두가 알츠하이머형 인지증에 걸릴지도 몰라요. 그러므로 인지증에 걸리지 않는 것보다는 인지증에 걸려도 살기 좋은 사회를 만드는 것이 중요해요.

인지증에 걸린 고령자가 길거리를 배회하는 것이 문제가 되는 것은 배회를 하면 위험한 사회이기 때문이에요. 그렇다면 안심하고 배회할 수 있는 사회를 만들어야 하지 않을까요? 2050년에는 3명 중 1명이 고령자라고 하니 언제 배회해도 안전하게 자택으로 돌아갈 수 있도록 하기 위해 고민해야 합니다.

배회가 나쁜 것이 아니라 배회하다가 길을 잃거나 사고를 당하는 것이 문제이지요. 고령자의 사고는 도시계획을 어떻게 하느냐에 따라 막을 수도 있어요. 전신주 등 알기 쉬운 곳에 현재 위치를 알기 쉽게 써 놓거나, 길을 잃거나 곤란한 상황에 처했을 때 누구라도 쉽게 가족에게 알려 줄 수 있게 하거나, 건널목 등 위험한 곳에는 접근할 수 없도록 하는 등 여러 방법을 생각할 수 있습니다. 거리의 여기저기에 고령자가 쉴 수 있는 장소를 만들고 찾기 쉬운 표식을 해 두면 길을 잃고 헤매도 안심할 수 있겠지요. 그렇게 되면 배회하는 그 자체가 문제가 되지 않습니다.

인지증에 걸린 사람에게도 여전히 능력이 남아 있어요. 그것을 유효하게 활용할 수 있으면 취미 활동이나 일도 할 수 있고, 그렇게 되면 스스로에 대한 자신감이 생겨 BPSD 등의 증상도 줄어들겠지요. 그뿐 아니라 배리어프리를 확대하여 인지증에 걸려도 마이너스가 되지 않는 사회를 만들 수 있어요. 그런 사회는 분명 인지증에 걸린 사람만이 아니라 모두가 안심할 수 있는 사회일 겁니다.

마음의 병에 대해 생각하는 것은 우리가 사는 사회에 대해 생각하는 것이고, 그것을 보다 좋은 방향으로 바꿀 가능성을 생각하는 것이기도 합니다.

제3장

모두가 살기 좋은 사회를 만들기 위해

마음의 병은 지금까지 어떤 식으로 다루어졌나요?

옛날에는 어땠어요?

유럽의 중세 시대에는 수도원이 정신과 병원 역할을 했어요. 수도 사가 간호사 역할을 하고, 사제에게 고백하는 고해성사가 일종의 정신요법에 해당하는 것이었지요. 즉, 과거에는 마음의 병은 의학의 대상이 아니라 종교적인 문제로 여겨졌어요. 15세기 말부터 18세기까지, 즉 중세의 세계관에서 근대적인 정신이 싹트기 시작하는 이행기에 '마녀사냥'이 유럽 각지에서 행해졌어요. '악마와 손잡고 사회를 무너뜨리려는 사람'으로 간주되는 사람(대부분은 여성)을 폭행해서 죽음에 이르도록 했지요. 그때 마녀로 취급된 사람 중에는 마음의 병을 앓고 있는 사람도 있었다고 해요. 마음의 병을 앓는 사람에게 나타나는 증상이 '저 사람 마녀 아냐?'라는 오해나 편견, 차별을 낳아 무참히 처형당했던 겁니다.

정신과 병원은 18세기 이후에 생겨났는데, 대략 18세기 말 프랑스혁명 시기에 큰 변화가 일어나요. 그 이전에는 마음의 병에 걸린 사람들은 대부분 병원도 종교적인 기관도 아닌 일반적인 시설에 수용되었어요. 노숙자나 범죄자 등이 수용되는 곳에 마음의 병에 걸린 사람도 구별 없이 수용되었던 겁니다. 즉, 사회에서 함께 살아갈 수 없는 사람들을 한곳에 가둔 것이었어요.

프랑스혁명 이후에 살페트리엘병원이나 비세틀병원이 마음의 병에 걸린 사람만을 수용하는 병원이 되었지만, 처음에 이들 병원에서 행해지던 치료는 너무 열악했어요. 환자를 쇠사슬에 묶어 방에 가두고, 환자에게 인권이 없는 것처럼 취급하고 치료를 충분히 하지 않았지요. 1793~94년에 필립 피넬이라는 의사가 이 병원에 입원한 환자를 쇠사슬에서 해방시키고 보다 인도적인 치료를 시작했어요. 거기서부터 오늘날의 '정신의학'이 시작되었다고 말합니다. 몸의 병에 대한 의학은 고대 그리스 시대부터 이어지는 오랜 역사가 있지만 정신의학의 역사는 고작해야 200년 정도예요.

환자를 관찰할 수 있는 환경이 전혀 아니었네요

마음의 병 환자를 쇠사슬로 묶는 상황에서는 그 환자가 어떤 사람이고 어떤 것에 흥미가 있고, 어떤 생각으로 이야기하는지를 무시하게 돼요. 그러나 쇠사슬을 풀면 환자가 자유로워질 뿐 아니라 다른 환자들과 교류할 수 있고 간호사나 의사와도 소통할 수 있게 됩니다. 각각의 환자를 관찰할 수 있게 되어, 마음의 병이라고 해도 그 안에는 여러 종류의 증상이 있다는 것을 알게 되었어요. 근대 정신의학이 시작되었다는 것은 그런 의미예요. 그때까지는 마음의 병을 대충 광기 정도로 간주하고 모두 같게 취급했던 것을, 정확하게 관찰하고 분류할 수 있게 된 거예요.

피넬은 환자를 쇠사슬에서 해방시키고 몇 년 후, 정신의학에 관한 책을 여러 권 썼는데, 자세한 관찰을 기반으로 마음의 병을 분류했어요. 이런 변화가 일어났기 때문에 환자를 쇠사슬로부터 해방시킨 것이 근대 정신의학의 시작이라고 하는 거예요.

치료도 했어요?

피넬은 도덕요법이라고 하여 오늘날 말하는 정신요법 같은 것을 행했어요. 그는 마음의 병 환자에 대해 "이 사람은 지금은 병에 걸려 있지만 완전히 잘못된 것이 아니고 마음속에는 아직 건강한 부분이 틀림없이 남아 있을 것이다. 그 부분을 잘 작동시키면 분명히 좋아진다"는 신념을 가지고 있었어요. 도덕요법은 이와 같이 마음의 건강한 부분에 자극을 주는 시도였지만, 이상적으로 여겨지는 상태를 환자에게 강요하는 것이었기 때문에 각각의 환자의 개별성은 중요하게 여기지 않았던 것 같아요.

또 피넬 이후, 마음의 병 환자가 쇠사슬에서 해방되었다고는 해도, 큰 소동을 일으키는 사람은 일시적으로 몸을 묶어 구속하거나 방에 가두어 격리하는 일이 있었어요. 자신에 대한 처벌에 불만을 말하면 병의 악화라고 보고 벌을 주기도 했어요.

20세기 들어서 정신과 병원이 많이 만들어졌지만 대부분의 경우 장기 입원이었고, 오히려 장기간 격리수용 하는 것이 좋다고 여겨지기도 했어요. 특히 조현병 환자는 평생이라고 해도 좋을 만큼 장기간 입원하는 사람이 많았어요. 물론 요즘은 조현병 환자라도 외래만으로 치료할 수 있는 사례도 많고, 입원해도 가능한 빨리 퇴원해서 지역사회에서 지내게 하는 경우가 많아졌어요. 그러나 오늘날에도 입원 일수 10,000일을 넘겨 계속 입원하고 있는 사람들이 있어요. 정신과 의료 업무의 몇%는 치안 유지 기능을 담당하고 있는 거예요.

치안 유지? 무슨 의미인가요?

자기 자신에게 상처를 입히거나 타인에게 상처를 입힐 우려가 있는 사람을 그대로 두면 피해가 발생할 가능성이 있지요. 그런 사람을 입원시켜서 정신의료가 사회의 치안을 유지하는 역할을 한다는 의미예요.

앞에서 '장애의 사회적 모델'에 대해 설명했지요. 장애의 원인이 개인이 아닌 사회에 있다고 보는 관점입니다. 이에 따르면 **마음의 병을 가진 사람이 치안을 나쁘게 하는 범죄를 일으키는 것이 아니라, 오히려 그들에 대한 충분한 지원이 없기 때문에 그런 사건이 발생하는 것이라고 생각할 수 있어요.** 실제로 범죄는 빈곤이나 차별 등에 의해 발생하는 경우가 많은데, 마음의 병을 가졌기 때문에 경제적으로 어려워지거나 주위 사람들로부터 차별당한 결과 범죄를 일으키는 사람들이 있는 거예요. 점점 환자의 인권을 보호하는 쪽으로 변화하고 있어서 입원기간도 가급적 짧게 하고, 지역 사회에서 함께 생활하는 것이 중시되고 있기는 하지만 아직도 앞선 나라와 비교해 많이 뒤처진 것이 현실입니다.

이탈리아에서는 정신과 병원을 모두 없애고 마음의 병은 모두 외래에서 진료하도록 했어요. 입원 병상을 모두 없애는 것이 좋은지는 별도로 하더라도, 현재도 일본은 OECD 34개국 중에서 정신과 병상 수가 가장 많고 입원 일수도 가장 길어요. 평균 입원 일수로 비교하면 일본은 300일(10개월)인 것에 비해 독일은 50일, 미국은 2주 정도예요.

지금은 조현병이나 우울증, 조울증과 같은 마음의 병도 적절한 치료와 지원을 받으면 거의 모든 사람이 사회로 복귀할 수 있어요. 학교에도 갈 수 있고 취직도 할 수 있어요. 결혼해서 아기를 갖는 것을 포함해서 본인이 하고 싶은 것을 할 수 있게 되었습니다.

지금도 몇 년씩 입원해 있는 사람이 적지 않은 것 같아요

네. 오랫동안 적절한 치료와 지원이 이루어지지 않았기 때문에 병이 만성화해서 낫기 어려워진 것이 하나의 이유고, 퇴원해서 돌아갈 곳이 없는 경우가 또 하나입니다. 병의 상태가 나빴을 때의 경험 때문에 가족에게 거부당해 집으로 돌아갈 수 없게 되면, 혼자 살아야 하거나 그룹 홈에 살게 되는데 지역사회가 그것을 이해해 주지 않는 경우가 있어요.

그룹 홈을 만들려고 하면 지역 주민들이 위험하다며 반대운동을 벌이기도 하지요. 실제로 범죄 통계를 보면 마음의 병 환자가 일반 사람들보다 범죄율이 낮은데도 차별이나 편견이 크게 작용해요. 입원 환자가 회복해도 퇴원할 수 없는 배경에는 이와 같은 차별이

나 편견이 있어서예요.

차별과 편견 없이 볼 수 있어야겠어요

보다 안전하고 효과적인 약이 개발되고 환자의 인권에 대해서도 생각하게 되면서 현재의 정신의료 시스템이 완성되었습니다. 다만 옛날처럼 인권을 무시한 감금이나 징벌적인 치료는 매우 적어졌다고는 하지만 여전히 주의해야 할 것들이 많이 있어요. 그것은 '의료나 복지에서의 비참함은 선의의 얼굴로 다가온다'는 점이에요.

2016년에 가나가와 현 사가미하라의 장애인 시설에서 직원이었던 남자가 입소자 19명을 찔러 죽이고 직원을 포함해 26명에게 부상을 입힌 사건이 있었어요. 이 사건은 누가 봐도 비참한 사건이고 범인에 대해 분노를 느낀 사람도 많았지요. 그러나 이 사건의 범인이 "죽여 주는 것이 장애인을 구하는 것이다"라고 쓴 것을 보면, 범인은 그 사건을 악의로 일으킨 것이 아니라 오히려 '장애인을 구하고 싶다'는 선의에서 일으킨 것이었어요.

이 사건은 상대(환자)에게 잘 해 주고 싶다는 소박한 마음이 실은 매우 폭력적이라는 사실을 드러내고 있어요. 지금도 정신의료에서 종종 일어나는 비참한 사건이나 인권 침해는 이 사건과 마찬가지로 선의에서 발생한 것이 적지 않다고 생각돼요.

병에 걸린 사람의 마음을 정상적인 형태로 만드는 것이 치료에 있어서도 가장 중요하다고 여기는 사람은, 그것을 위한 치료를 진행하는 것이 환자 본인에게 좋은 일이라고 생각하기 쉬워요. 이것과 사가미하라 사건의 범인의 생각은 맞닿아 있어요. 설령 그렇게까지 가혹한 행동은 안 했다 하더라도 자신 안에 '정상적인 형태'가 있어서 다른 사람을 그 정상적인 형태로 만드는 것이 '정의'라는 생각은, 그 범인의 생각과 명확하게 구별하기 어렵지요.

환자의 의견은 들어보지도 않았네요…

중요한 것은 상대(환자)에게 무엇이 옳은지를 이쪽(치료자)이 일방적으로 결정해서는 안 된다는 거예요. 그것은 상대를 '바꾸는' 것이 아니라 '바뀌는' 것을 지켜본다는 대원칙과도 연결됩니다.

환자에게 무엇이 옳은지를 치료자가 일방적으로 정하면서 지금까지 많은 비참한 일들이 일어났어요. 일본에서는 1948~96년 존속했던 '우생보호법' 하에서 일부의 정신 장애나 지적 장애인들에게 강제적인 불임 수술을 행하기도 했어요. "장애가 있으니 만일 아이가 생겨도 육아를 할 수 없고, 본인도 아이도 주변도 고생할 것이다"라는 '선의'에서 아이를 가질 수 없도록 불임수술을 하게 하는 것이 정당화되었던 겁니다.

최근에서야 그런 일들이 인권침해로 여겨져 재판이 이루어졌고, 2019년 4월에는 '강제불임 구제법'이 만들어져 피해자에게 사죄하고 보상금을 지급했어요. **어떤 장애를 가졌다는 이유로 본인 이외의 누구로부터**(국가를 포함해) **본인이 할 일에 대해 제한을 받을 수는 없어요.** 아이를 낳을 권리만이 아니라 시설에서 나와 지역에서 생활할 권리, 본인이 하고 싶은 대로 살아갈 권리에 제한을 받아서는 안 됩니다. 그것이 기본적 인권입니다.

장애를 가진 사람의 기본적 인권을 침해하는 것은 국가나 행정기관, 병원만이 아니에요. 부모나 사회도 비슷한 일을 '환자를 위해서' 하는 경우가 있어요. 예를 들어 "이 아이는 이런 장애가 있으니 무리하게 사회에서 지내기보다 시설에서 지내는 것이 행복할 것이다"라고 생각해 자녀를 시설에 넣는 경우나, "이 아이의 마음의 병은 비교적 좋아졌지만 지금 집으로 돌아오면 주변에서 편견의 눈으로 볼 것이니 계속 입원시키는 것이 좋다"고 생각해 입원을 지속시키는 부모는 얼핏 보기에 아이에 대해 좋은 마음을 가진 것처럼 보이지만 역시 자유를 빼앗는 것입니다.

친절한 마음이 아닐 수도 있겠어요…

실제로 장애인 운동을 하는 사람들은 그런 '친절한 마음'을 비판하며 자신들에게는 '위험을 무릅쓸 권리'가 있다고 주장했어요. 장애가 없는 사람이라면 위험하다고 생각되는 일이라도 부모나 주변의 반대를 무릅쓰고 하기도 하지요. 예를 들어 등산 경험이 없는 사람이 후지산에 오르겠다고 강하게 주장하면 가족에게 제지당할 수 있을 거예요. 하지만 "그래도 할 거야"라고 계속 우긴다면 아마 할 수 있을 겁니다.

장애가 있다는 이유로 부모나 주위 사람들이 '친절한 마음'으로 "위험하니 시설에 있는 것이 너를 위하는 거야"라고 말할 수 있겠지요. 장애인들은 "우리도 위험을 무릅쓸 권리가 있다"고 주장하며 중증도의 지적장애가 있는 사람도 시설에서 나와 혼자 생활하기 시작했어요. 물론 혼자라고 해도 여러 지원을 받게 되지만 기본적으로는 혼자 생활합니다. 그것은 쉬운 일이 아니지만 그런 '위험을 무릅쓰는' 시도들이 있어 그들 장애인들은 자신의 가능성을 다양하게 발전시킬 수 있었던 겁니다.

마음의 병도 마찬가지예요. 어떤 치료법을 쓰더라도 '선의'라는 명분으로 환자에게 일방적으로 정하지 말아야 해요. 그러기 위해서는 어떤 치료를 행하는지 환자와 정확하게 이야기해야 합니다. 또한 그 치료는 환자를 '바꾸는' 것이 아니라 스스로 '바뀌는' 것을 지원하기 위해 있는 것이라는 점을 항상 잊어서는 안 돼요. 그것이 지금까지의 정신의료 역사에서 이끌어 낼 수 있는 가장 중요한 교

훈입니다.

'친절한 마음'이나 '선의'에는 위험한 측면이 있다는 것을 잘 기억하기 바랍니다. 왜냐하면 그런 마음에는 '타인을 어느 특정한 형태로 만들어 주고 싶다', 혹은 '내가 하고 싶은 대로 타인을 통제하고 싶다'는 생각이 어딘가에 들어 있기 때문입니다. 만일 여러분이 장래에 의사나 상담사, 간호사 혹은 사회복지 관련 일을 하고 싶다면 그것이 어떤 마음에서 나오는지를 잘 생각하기 바랍니다.

마음의 병이 있어도 살기 좋은 사회를 만들 수 있나요?

먼저 잘 이해하는 게 중요하겠어요

여러 마음의 병에 대해 이야기하면서 제가 가장 전하고 싶었던 말은 얼핏 보기에 '이상한' 마음 작용처럼 보이는 것들 중에도, 지극히 평범한 '정상적인' 마음 작용으로 볼 수 있는 것이 많다는 점이에요.

조현병에서는 환자의 마음 작용 그 자체가 무너져 사라질 것 같을 때 망상을 만들어서 마음을 다잡으려고 한다는 점을 말했어요. 인지증에 걸려 기명력장애나 방향감각장애가 생겨서 환자의 자신감이 상실되어 가는 중에, 그래도 '나는 제대로 된 인간이다'라는 것을 어필하려는 과감한 노력의 결과가 증상으로 나타난다고 했지요. 즉, 의학에서 말하는 증상은 '정상적인' 마음 작용과 통하는 부분이 많고, 환자 본인이 어떻게든 '이상한' 상태에서 회복하려고 하는 과정에서 발생한다는 점이에요.

　이러한 시각을 갖는 것만으로도 마음의 병을 보는 관점이 달라지지 않을까요? 마음의 병을 경험한 적이 없는 사람이라도 그것을 이해하기 위한 노력을 한다면, 마음의 병에 걸린 사람들의 마음속에 얼마나 풍요로운 것이 있는지 알게 될 겁니다. 물론 절망적인 상태나 구체적인 장애의 정도를 모두 상상하기는 어려울지도 몰라요. 그래도 마음의 병에 관한 지식이 있으면 그런 병을 갖고 있는 사람들의 기분에 대해서 어느 정도 상상할 수 있게 됩니다.

음, 가능할 것 같아요

병은 그 자체가 회복하는 힘을 가지고 있어서 망상도 작화도 회복과정의 하나입니다. 실은 이것은 몸의 병도 마찬가지예요. 예를 들어 감기는 바이러스가 들어와 몸속에서 증식하는 것이 그 본질이고, 열이나 기침이나 콧물 등의 증상은 바이러스를 몸속에서 쫓아내기 위해 나타나는 것이지요. 감기의 증상도 회복과정인 거예요.

　몸의 병도 마음의 병도 회복하는 힘을 스스로 가지고 있어서 병은 회복될 수 있다는 것을 마음과 머리에 새기는 것은 매우 중요합니다. 특히 마음의 병에 대해서는 '회복'이라는 성질을 무시해 온 역사가 있기 때문에 더욱 그러하지요.

마음의 병에 걸리는 것을 옛날에는 '미치다' 또는 '발광하다'고 말했어요. 이 말은 도저히 '회복 불가능'한 인상을 사람들에게 주어 마음의 병에 걸린 것을 비극으로 받아들이게 했지요. 어떻게 해도 바꿀 수 없는 운명에 휘둘리면서 결국 비참하게 무너질 수밖에 없다고 보는 생각은 과거의 정신의학에서는 지금보다 훨씬 큰 힘을 발휘했어요. 이런 비극적인 이미지는 마음의 병에 걸린 사람을 보는 주변의 시각에도 영향을 주었고, 병에 걸린 사람이 스스로를 보는 시각에도 영향을 주었지요. 그러나 그렇게 해서는 나을 병도 낫지 않습니다. 우선 이런 단어를 사용하는 것에 대한 반성과 더불어 '마음의 병은 회복하기 쉬운 병, 낫기 쉬운 병'이라고 생각하는 발상의 전환이 필요해요.

정말 회복하기 쉬운가요?

마음의 병에서 '회복한다'는 것은 앞에서 말한 것처럼 병에 걸리기 이전의 상태로 돌아가는 것이 아닙니다. 병에 걸리기 이전의 상태로 돌아가면 다시 발병할 위험이 높아지기 때문이에요.

'회복한다'는 것은 이전의 상태와는 다른 형태의 삶의 방식으로 바뀌게 되는 것을 말해요. 병에서 빠져나옴으로써 환자 본인의 생활 방식이 변화하고 나아가 스스로가 변화하는 것이에요. 실제로 많은 조현병 환자들은 망상이 아주 사라지지는 않지만, 지금까지와는 다른 형태로 사회 안에서 타협점을 찾으려고 하면서 회복하게 됩니다. 그것이 가능하게 되면 그 사람은 확실하게 변화하지요.

우울증에서 회복하기 위해서는 지금까지의 무리한 방식(공부나 일)을 조금씩 변화시켜서 보다 여유 있는, 안정되게 살아갈 수 있는 생활 방식을 몸에 익히는 것이 필요해요. 그러기 위해서는 여러 일들이나 사람들(가족이나 친구, 동료, 상사)과의 관계를 다시 만드는 작업이 필요하지요. 그것이 가능해졌을 때 이전의 자신과는 다른 자신을 보게 될 겁니다.

마음의 병에서 '회복'을 목표로 한다는 것은 그런 겁니다. 물론 회복을 위해서 약의 힘을 빌려야 하는 경우도 있어요. 또 본인에게나 다른 사람에게 상처를 줄 우려가 있거나 스스로의 존엄에 상처를 내는 경우에는 입원이 필요할 수도 있고요. 그러나 가장 필요한 것은 회복을 방해하는 것을 줄이는 거예요.

어떻게 줄일 수 있어요?

       —— 마음은 왜 아플까?

그중 하나는 연결고리를 다시 만드는 거예요. 회복을 위해서는 다른 사람과의 연결이 매우 필요한데, 마음의 병은 타인과의 연결을 차단하는 경우가 많아요. 예를 들어 '동네 사람이 나를 노리고 있고 감시를 당하고 있다'는 망상을 가진 환자가 있다고 해요. 그 환자는 방의 모든 창문을 테이프로 막아 밖에서 보이지 않게 하여 타인과의 관계를 차단할 수 있어요. 질투망상이나 도둑망상을 가진 환자도 타인과 관계를 맺을 수 없기 때문에 결과적으로 타인과의 관계가 적어집니다. 이렇게 되면 주위로부터 고립되고 병은 더욱 악화되어 낫기 어려워져요.

　그러나 그런 환자와도 끈기 있게 대화를 시도하면 조금씩 관계가 만들어집니다. 치료자가 끝까지 이야기를 경청하며 함께 체험하는 것만으로도 고통이 완화되는 효과가 있게 된다고 앞에서 말했지요? 사람과의 연결을 다시 만들기 위해서는 외부의 지원이 필요해요. 환경을 바꾸어 환자가 고립되는 것을 막고, 환자에게 무리가 되지 않는 형태로 사람과의 관계를 다시 만드는 것이 회복을 위한 첫걸음이 됩니다.

사회도 바꾸어 나가야죠?

그렇지요. 사회가 회복을 가로막는 경우도 많기 때문이에요. 발달장애에서 말한 것처럼 사회를 바꿈으로써 환자의 어려움이나 그로 인해 발생하는 2차 장애를 줄일 수 있어요. 이것은 회복을 가로막는 것을 줄이는 일이기도 해요. 사회를 바꾸기 위해서는 마음의 병이 어떤 병인지를 많은 사람에게 알리는 것이 필요해요. 마음의 병에 대한 지식이 없으면 병에 걸린 사람이 차별받는 것으로 이어집니다. 마음의 병을 알지 못하는 사람에게 "누구나 힘들어", "사춘기는 고민이 많을 때야"라는 말을 듣고 더욱 상처가 깊어지는 경우도 있어요.

또 제도를 바꾸는 것도 필요합니다. 법률로 정해져 있거나 당연시 여겨지는 일들이 마음의 병에 걸린 사람들을 고통스럽게 하는 경우가 있기 때문에 그것을 바꿀 필요가 있어요.

제도가 회복을 방해하나요?

네, 예를 들어 '자폐 스펙트럼'에 걸린 사람은 과도하게 분위기 파악을 요구하는 것을 당연시하는 사회 분위기로 매우 생활이 어려워요. 또 과거에는 우울증 환자 스스로가 규제를 늘리거나 일을 늘렸는데 요즘은 회사나 사회가 인간을 얽어매는 측면이 강해지고 있어요. 최근의 회사에서는 '법률 준수'가 중요해졌어요. 이 원칙을 바탕으로 무슨 문제가 발생할 때마다 재발방지를 위한 새로운 규제가 늘어나 일하는 사람들이 많은 규제에 얽매이고 있어요. 또 '성과주의'가 우선되어 끊임없이 업적을 향상시킬 것을 요구합니다. 해마다 전년도의 업적을 초과해야 하는 어려운 요구가 부여되고 있지요. 이런 회사에서 일하면 우울증에 걸리기가 쉬워요. 또 우울증에서 회복하여 복직하려는 사람에게도 예외가 아니어서 병이 재발될 수도 있지요.

그렇기 때문에 마음의 병에 대해 생각한다는 것은 우리가 사는 사회의 모습을 바꾸는 것을 생각하는 일이기도 해요. 최근에는 신체장애가 있는 사람들을 위한 배리어프리는 많아지고 있어요. 이것은 장애인 운동이 길고 긴 노력을 하여 실현된 겁니다. 마음의 병도 당사자나 지원자에 의한 노력이 필요해요. 신체장애와 달리 마음의 병은 눈에 보이지 않기 때문에 다양한 제도가 벽이 되고 있다는 것을 이해시키기 어려운 측면이 있어요. 그래서 끈기 있게 교섭하여 조금씩 변화를 일으키는 것이 중요합니다.

'자폐 스펙트럼'에서 다루었듯 애매한 말이나 분위기를 사용하지 않고 명확하게 지시하는 것도 배리어프리의 하나예요. 또 인지증에 걸린 사람이 안심하고 배회할 수 있는 도시를 만드는 것도 중요해요. 배리어프리 사회는 마음의 병에 걸리지 않은 사람에게도 살기 좋은 사회임이 분명합니다.

끝으로 차별에 대해 이야기하겠습니다. 차별을 없애는 것도 회복을 가로막는 것을 없애기 위해서는 매우 중요해요. 분명 예전보다는 나아지고 있기는 하지만, 안타깝게도 마음의 병에 대한 차별은 여전히 존재하고 있어요. 마음의 병에 걸린 환자는 '병 그 자체의 고통'에 더해 '마음의 병에 대한 차별이 있는 사회에 태어난 고통'을 지고 살고 있다고 할 수 있어요.

차별이 있으면 병이 더욱 나빠지겠어요

사회에서 차별받는 사람들은 마음의 병 증상이 심해지는 경향이 많다는 데이터가 있어요. 예를 들어 조현병의 생애 유병률은 어느 나라나 대개 0.7%라고 하는데 이민이나 난민 그룹에서는 그것보다 높다는 조사 결과가 있어요. 차별을 받는 사람들은 우울증이나 PTSD가 증가하고, 성적 소수자들에게 자살이나 그와 관련된 행동이 매우 많은 것도 잘 알려져 있습니다.

사회나 제도를 바꾸려면 돈이 엄청나게 들지 않나요?

물론 비용이 많이 들지요. 그러나 계속 입원하고 있을 수밖에 없는 사람들이나, 일을 할 수 없어 시설이나 집에 있을 수밖에 없는 사람들이라도 그들의 회복을 가로막는 것을 줄임으로써 조금씩 스스로

할 수 있는 일이 늘어납니다. 이것은 당사자에게 좋은 일일 뿐 아니라 종합적으로 봤을 때 사회보장비(의료비)를 줄이는 것으로도 이어져요. 따라서 크게 보면 비용을 줄이는 효과가 있습니다.

　다만 이것이 어떤 병에 걸린 사람이라도 모두가 자립 생활을 해야 한다거나 모두가 일하는 것이 당연하다는 것은 아니에요. 지금의 사회는 모두가 경쟁을 하며 사는 것이 당연한 것으로 되어 있지만, 다른 삶의 방식도 가능하다는 것을 생각해 보면 좋겠습니다.

나와 다른 사람에 대해서도 이해할 수 있을 것 같은 생각이 들어요

상대방에게 나와 비슷한 점이 있는 것을 알면 상대방에게 나와 다른 점도 있다는 것도 발견할 수 있어요. 그 전제가 '이해하는 것'이라고 생각해요. '이해하는 것'이 없으면 타인에 대해 상상하는 것조차 불가능합니다. 아는 것은 상상력을 발휘하게 하는 기반이에요. 상대에게 공감한다는 것은 단지 '상냥한 마음으로 다른 사람을 대하면 된다'는 이야기가 아니에요. 제대로 '이해하는 것'을 기반으로 하지 않으면 타인에 대해 상상력을 발휘할 수 없고, 친절하게 대하는 것도 불가능해요. 또 '친절한 마음'이라고 하지만 사가미하라 사건처럼 장애인을 위한다는 생각으로 그들을 죽이는 일도 발생한다는 것을 앞에서 이야기했지요.

공감의 기반이 되는 '이해하는 것'에 대해서는 신체 장애인들이 어떤 노력으로 지금의 권리를 획득하고 있는지, 차별받는 성적 소수자들이 어떻게 자신의 목소리를 내고 있는지, 여성들이 어떻게 참정권을 획득하고 사회에 진출하게 되었는지 등에 대한 역사를 아는 것도 중요해요.

마음의 병에 대한 차별을 없애기 위해서는 치밀한 노력이 필요해요. 또 지금까지 이루어졌던 정신의학 연구가 차별적인 관점을 가졌거나 병의 회복을 방해한 것에 대해서도 짚어 봐야 합니다.

나의 한 글자 05 [맘]

마음은 왜 아플까?

초판 1쇄 발행 2021년 11월 15일
초판 2쇄 발행 2022년 5월 20일

지은이 | 마쓰모토 다쿠야
옮긴이 | 형진의
일러스트 | 나오미양
펴낸이 | 이수미
북디자인 | 석운디자인
마케팅 | 김영란

종이 | 세종페이퍼
인쇄 | 두성피앤엘
유통 | 신영북스

펴낸곳 | 나무를 심는 사람들
출판신고 | 2013년 1월 7일 제2013-000004호
주소 | 서울시 용산구 서빙고로 35, 103동 804호
전화 | 02-3141-2233 팩스 | 02-3141-2257
이메일 | nasimsabooks@naver.com
블로그 | blog.naver.com/nasimsabooks

번역글 ⓒ 형진의 2021
한국어판 출판권 ⓒ 나무를 심는 사람들

ISBN 979-11-90275-62-0 43180